Springer

Berlin
Heidelberg
New York
Barcelona
Budapest
Hongkong
London
Mailand
Paris
Santa Clara
Singapur
Tokio

Rolf Schuster Johannes Färber Markus Eberl

Digital Cash
Zahlungssysteme im Internet

Mit 34 Abbildungen und 18 Tabellen

 Springer

Rolf Schuster
Josephsburgstraße 63
81673 München

Johannes Färber
Egerweg 3
85521 Ottobrunn

Markus Eberl
Ruth-Schaumann-Straße 10
81929 München

ISBN 3-540-61981-X Springer-Verlag Berlin Heidelberg New York

Deutsche Bibliothek - Einheitsaufnahme

Schuster, Rolf:
Digital Cash: Zahlungssysteme im Internet/Rolf Schuster; Johannes Färber; Markus Eberl.-
Berlin; Heidelberg; New York; Barcelona; Budapest; Hongkong; London; Mailand; Paris;
Santa Clara; Singapur; Tokio:
Springer, 1997
ISBN 3-540-61981-X

Umschlaggestaltung: Künkel & Lopka, Werbeagentur, Heidelberg
Herstellung: Ulrike Stricker, Springer-Verlag, Heidelberg
SPIN 10548165   33/3142– 5 4 3 2 1 0 – Gedruckt auf säurefreiem Papier

Vorwort

Digital Cash, Electronic Commerce, Online-Dienste, Cyberspace — viele neue Internetschlagworte, aber nur wenige wissen, was damit eigentlich gemeint ist.

Dabei entwickelt sich das Internet zu einem zentralen Kommunikationsmedium, das wir in Zukunft genauso selbstverständlich nutzen werden wie heute Telefon oder Fax. Gerade im Bereich Ein- und Verkauf von Waren und Dienstleistungen wird das Internet eine wichtige Rolle spielen. Dabei stellt sich die Frage: Wie kann man im globalen, unsicheren Internet eigentlich bezahlen?

Der Zahlungsverkehr im Internet ist ein zentrales, derzeit noch nicht vollständig gelöstes Problem. Hier treffen ganz unterschiedliche Fachgebiete wie Computertechnik, Kreditwirtschaft, Politik, Recht und Kryptographie aufeinander, und es entsteht ein unübersichtlicher Bereich mit einer Vielzahl von Anforderungen, Möglichkeiten und Randbedingungen. Daneben existieren bereits zahlreiche Zahlungssysteme mit ganz unterschiedlichen Grundkonzepten und Einsatzbereichen.

Dieses Buch bietet dem Leser einen einfachen strukturierten Einstieg in die Thematik. Darüber hinaus liefert es einen umfassenden Überblick über Zahlungssysteme im Internet, deren Systemeigenschaften und Marktchancen.

Die Autoren bedanken sich ganz herzlich bei allen Mitarbeiterinnen und Mitarbeitern der Mannesmann Pilotentwicklungsgesellschaft, ohne deren unschätzbare Hilfe dieses Buch nicht zustande gekommen wäre. Besonderer Dank gilt auch der Firma ARCOR für die Unterstützung dieses Buchprojektes.

München, April 1997   Rolf Schuster
                                                      Johannes Färber
                                                       Markus Eberl

Über dieses Buch

Was bietet dieses Buch?

Dieses Buch bietet einen strukturierten Überblick über Zahlungssysteme im Internet. Es gibt Antwort auf die Frage wie beim Kauf von Waren bzw. Dienstleistungen im Internet bezahlt werden kann.

Neben einer Einführung zu den Themen Electronic Commerce und Bezahlung im Internet, beschreibt dieses Buch wichtige technische Grundlagen. Die verschiedenen Zahlungssysteme im Internet werden in drei Kategorien eingeteilt und hinsichtlich ihrer Systemeigenschaften analysiert. Darüber hinaus bewertet das Buch die Zahlungssysteme auf der Basis technischer, wirtschaftlicher und rechtlicher Kriterien.

Das Buch betrachtet Systeme, die Bezahlungstransaktionen über das Internet abwickeln. Verfahren, die das Internet lediglich als Bestellmedium ähnlich dem Fax oder Telefon verwenden sowie der Bereich Homebanking, werden nicht berücksichtigt.

Wer sollte dieses Buch lesen?

Dieses Buch wendet sich an einen breiten Leserkreis vom Internetlaien bis hin zum Zahlungssystemexperten.

Der Internetlaie wird in die Thematik und die Problemstellung eingeführt. Der Nichttechniker findet eine Erklärung der technischen Grundbegriffe. Der Internethändler und Online-Dienst-Betreiber erhält einen Überblick über die derzeit verfügbaren Zahlungssysteme sowie deren zukünftige Entwicklung. Der Internetsurfer erfährt, was beim Bezahlen im Internet mit seinem „Geld" passiert.

Wie sollte man dieses Buch lesen?

Der Internetlaie und gelegentliche Surfer sollte mit der grundsätzlichen Einführung und Problembeschreibung beginnen (Kapitel 1: „Internet und Electronic Commerce"). Zur Auffrischung der relevanten technischen Grundkenntnisse im Bereich Verschlüsselung und Authentifizierung wird Kapitel 2 „Technische Grundlagen" empfohlen. Internet- und Zahlungssystemexperten können direkt mit dem Kapitel 4 „Analyse elektronischer Zahlungssysteme" beginnen.

Inhaltsverzeichnis

1 Internet und Electronic Commerce

Die globale Vernetzung von Rechnern wurde erst in den letzten Jahren zu einem viel diskutierten Thema. Obwohl die zugrunde liegenden Konzepte und Techniken schon deutlich älter sind, begann der Run auf die Netze erst Anfang der 90er Jahre.

Mit der Entwicklung des World Wide Web wurde die triste Netzwelt der Universitäten plötzlich bunt bebildert und einfach zu bedienen. Die Möglichkeit, sich mit Menschen gleicher Interessen weltweit auszutauschen, zog in relativ kurzer Zeit Millionen an. Wenn aber viele Leute das gleiche Medium benutzen, läßt sich dort auch Geld verdienen. Der *Electronic Commerce* war geboren.

Leider ist der Electronic Commerce nicht so einfach zu realisieren. Um die dabei auftretenden Probleme im weltweit größten Computernetz zu verstehen, ist es nützlich, einen Blick auf dessen Geschichte zu werfen.

1.1 Eine kurze Geschichte des Internet

Als die Sowjetunion 1957 mit Sputnik den ersten Satelliten in eine Erdumlaufbahn schoß, startete die US-Regierung eine Vielzahl von Forschungsprogrammen mit dem Ziel, die Militärtechnologie der USA wieder in eine weltweit führende Position zu bringen.

Dazu wurde unter anderem ARPA (Advanced Research Projects Agency) gegründet, deren Aufgabe es war, neue innovative Technologien zu entwickeln. Eine wesentliche Aufgabe von ARPA bestand darin, Methoden zur zuverlässigen Datenübertragung zu untersuchen.

RAND, eine Denkfabrik im kalifornischen Santa Monica, erhielt den Auftrag, ein Konzept für ein militärisches Kommando- und Überwachungsnetzwerk zu entwickeln. Solch ein Netzwerk sollte auch nach einem möglichen Atomschlag und nach Zerstörung von großen Teilen seiner Infrastruktur weitestgehend funktionstüchtig bleiben.

Kern des Konzeptes war es, eine möglichst dezentrale Kommunikationstechnologie zu realisieren.

Basierend auf der RAND-Studie entwickelte ARPA eine paketorientierte Datenübertragung, die wesentlich unempfindlicher gegenüber Störungen war, als die bis dahin in der Technik verwendete verbindungsorientierte Übertragung.

Die verbindungsorientierte Übertragung, wie sie beispielsweise bei einer Telefonverbindung vorhanden ist, benötigt während der Kommunikation eine durchgehende physikalische Verbindung der Beteiligten. Sobald diese Verbindung unterbrochen wird, kann kein Informationsaustausch mehr stattfinden.

Bei der paketorientierten Übertragung werden die zu sendenden Daten in kleine Stücke zerteilt, mit einer fortlaufenden Nummer, Absender und Adresse versehen und dann von einem Verbindungsknoten zum anderen in Richtung Ziel weitergereicht.

Dadurch muß keine durchgehende physikalische Verbindung zwischen Sender und Empfänger bestehen. Der Weg der einzelnen Pakete ist nicht vorherbestimmbar. So kann es durchaus passieren, daß Pakete, die zu einer Nachricht gehören, unterschiedliche Wege nehmen, und in unterschiedlicher Reihenfolge beim Empfänger ankommen. Der Empfänger sortiert die Pakete aufgrund der fortlaufenden Nummer und erhält so die ursprüngliche Nachricht.

Heute erledigt das Protokoll TCP Zerteilung und Zusammenfügen der Nachrichten. Zusammen mit IP, dem für die Adressierung zuständigen Protokoll, ergibt sich TCP/IP, das heutige Standardkommunikationsprotokoll im Internet.

Der erste größere Versuch, die aufgestellten Konzepte in die Praxis umzusetzen, war das ARPANET.

Im Zeitraum von Ende 1968 bis 1969 wurden vier Knoten miteinander verbunden. Als Knoten dienten dabei spezielle, für diesen Zweck entwickelte Computer. Diese schaltete man zwischen das jeweilige Rechenzentrum und die Telefonleitung.

Bereits 1970 schlossen sich die Eliteuniversitäten Harvard und MIT an das Netzwerk an.

1971 befanden sich schon mehr als 30 Knoten im ARPANET.

1973 begann die zwischenzeitlich in DARPA umbenannte Organisation ein Projekt, um die unterschiedlichen Implementierungen von paketorientierten Übertragungsmechanismen, die zwischenzeitlich entstanden waren, miteinander zu verbinden

1977 demonstrierte das erste arbeitsfähige Testnetz seine Funktionsfähigkeit. Dieses Netz bestand aus einer Verbindung von vier verschiedenen Netzen, dem ARPANET, einem Satellitennetzwerk, einem Paketfunknetz und dem von XEROX entwickelten Ethernet.

Das besondere an diesem neuen Netz war, daß die einzelnen Teilnetze über ein neues paketorientiertes Kommunikationsprotokoll verbunden waren: TCP/IP.

Der Name für dieses Netz zwischen den Netzen war und ist *Internet*.

1983 hatte das ARPANET eine solche Ausdehnung erreicht, daß die DARPA entschied, den militärischen Bereich, das MILNET, abzuspalten. Gleichzeitig wurden alle Knoten auf TCP/IP umgestellt.

Ebenfalls zu dieser Zeit stellt die Universität von Kalifornien in Berkeley die Version 4.2 ihres UNIX-Betriebssystems vor, das TCP/IP als integralen Bestandteil enthielt. Da Universitäten mit ihren Rechnern sowohl aktiv den Netzbetrieb mitbestimmten als auch sehr viel UNIX einsetzten, sind UNIX-Einflüsse bis heute überall im Internet zu spüren.

In den folgenden Jahren wurden immer mehr kleinere und größere Netzwerke an das Internet angeschlossen, was zu einer großen Belastung der Hauptverkehrsadern, den Backbones, führte.

1986 nahm die National Science Foundation (NSF) ihr NSF-NET in Betrieb, den amerikanischen Internet Backbone. Erst 1990 wurde mit EBONE der erste europäische Backbone in Betrieb genommen.

Auf Basis der Internetinfrastruktur lassen sich verschiedene Dienste realisieren. Zum Austausch von Dateien wurde das FTP (File Transfer Protocol) entwickelt. Um bestimmten Netzteilnehmern Nachrichten zu schicken, gibt es Email (Electronic Mail). Aber der Dienst, der das Internet erst so richtig populär gemacht hat, ist das World Wide Web (WWW).

Ursprünglich am CERN 1992 zum Informationsaustausch für Wissenschaftler entstanden, ist das Hypertextsystem WWW praktisch Synonym für das Wort Internet geworden.

In Hypertextsystemen dienen besonders markierte Elemente, die mit der Maus angeklickt werden können, als Sprungbrett auf weitere Hypertextseiten.

Das WWW benutzt ein eigenes Protokoll mit Namen HTTP (Hyper Text Transfer Protocol), welches über TCP/IP liegt. Transportiert werden damit einzelne Seiten, wobei jede Seite durch ihre URL (Uniform Ressource Locator) im gesamten WWW eindeutig ist. Diese Seiten werden durch eine eigene Programmiersprache beschrieben, der Hyper Text Markup Language (HTML). Damit lassen sich Seiten plattformunabhängig mit vielerlei Gestaltungsvariationen ausstatten. Neben Text lassen sich auch Grafiken, Sounds und Videos in HTML-Seiten einbinden.

Das WWW basiert auf einer Client-Server-Architektur. Der eine Teil der Architektur, der die Daten zur Verfügung stellt, ist der WWW-Server; der andere Teil, der die Daten anfordert, ist der Client – die Client-Software wird auch als WWW-Browser bezeichnet. Nun kann aber der Client vom Server nicht nur Daten anfordern, ebenso können Daten auch den umgekehrten Weg nehmen. Dazu gibt es mit HTML die Möglichkeit, Formulare zu gestalten, die der Benutzer ausfüllt; die Daten aus einem solchen Formular werden dann an den Server gesendet. Dort können dann automatisch weitere Programme gestartet werden, die diese Daten verarbeiten. Damit lassen sich komplexe Interaktionen realisieren. Einkaufen im Internet wird so sehr komfortabel möglich.

Das Internet ist also ein weltweiter Verbund aus vielen elektronischen Netzwerken, die wiederum aus ganz unterschiedlichen Rechnern zusammengesetzt sind. Das funktioniert deshalb, weil die beteiligten Rechner das gleiche Protokoll (TCP/IP) benutzen. Man kann ein weiteres Netz an das Internet anschließen, indem man es entweder direkt mit einer Hauptverkehrsader (Backbone) verbindet, oder diese Verbindung indirekt über einen Internet Provider realisiert. Große Organisationen und Firmen sowie Universitäten wählen meist die erste Möglichkeit, während kleinere Firmen und auch Privatleute aus Kostengründen den zweiten Weg wählen.

1.2   Sicherheitsprobleme im Internet

Rechner, die die Verbindungsstellen zwischen verschiedenen Netzen bilden, werden als Knotenrechner bezeichnet. Sie haben die Aufgabe, die Datenpakete in die richtige Richtung weiterzuleiten.

An einem solchen Knotenrechner können Daten aber auch elektronisch „abgehört" werden. Dazu dienen einfache Programme, die den durchlaufenden Datenstrom nach bestimmten Mustern durchsuchen und „interessante" Daten abspeichern bzw. weiterverarbeiten.

Dabei muß ein Abhörer nicht unbedingt direkten Zugang zu einem Knotenrechner haben. Geschickte Hacker können von anderen Rechnern im Netz Programme auf einen den Knotenrechner laden und dort ausführen. Auf diese Art und Weise können Unbefugte über das Internet in den Besitz von Kreditkartennummern, Paßwörtern oder PINs kommen.

Nachteilig für den Hacker ist hierbei aber die enorme Datenmenge, die über die Knotenrechner vermittelt wird. Ein Angreifer kommt direkter an die für ihn interessanten Daten, wenn er seine Identität verschleiert. Er kann sich beispielsweise als Händler ausgeben und besonders günstige Angebote machen. Seine wirkliche Identität ist aus seiner Internetadresse nicht zu erkennen. So wird er bald zu einer großen Anzahl Kreditkartennummern kommen, die er dann für seine eigenen Zwecke mißbrauchen kann.

Eine weitere Möglichkeit für Angreifer besteht darin, die Anfragen an einen bekannten Server – möglicherweise eines großen Versandhauses – irgendwie zuerst über seinen eigenen Server zu leiten. Auch damit kommt er relativ einfach an kritische Daten.

Aber die Gefahr des Abhörens lauert nicht nur im Netz selbst. Ebenso ist es auch durch Computerviren möglich, sicherheitsrelevante Informationen auszuspionieren. Solche Viren können beim Start eines bestimmten Programms (Homebanking Software, WWW Browser) aktiv werden und alle Eingaben über die Tastatur aufzeichnen. Sobald dann eine Verbindung mit dem Internet besteht, sendet der Virus die aufgezeichneten Informationen für den Benutzer unbemerkt an einen bestimmten Rechner im Netz.

1.3   Elektronische Kaufvorgänge

Das Internet hat in seiner über 20jährigen Geschichte einige fundamentale Wandlungen erfahren. Zuerst war es ein militärisches Netz, dann ein akademisches; durch die allgemeine Öffnung wurde es zunächst chaotisch, doch die Entwicklung geht jetzt in Richtung auf ein kommerziell genutztes Netz. Es ist hierbei die Rede vom *Electronic Commerce*. Dieser Begriff bezeichnet das Kaufen und Verkaufen von Produkten, Informationen und Dienstleistungen über elektronische Netze.

Abbildung 1.1: So würde Einkaufen im Internet ohne Sicherheitsmaßnahmen aussehen

Die vorhergehenden Abschnitte haben aber gezeigt, daß das Internet nicht aus kommerziellen Gründen entworfen wurde. Bei dem ursprünglich militärischen Konzept, aus dem das Internet entwickelt wurde, stand in erster Linie die Ausfallsicherheit bei möglichen atomaren Angriffen im Vordergrund. Die Knotenrechner waren in gesicherten Bereichen aufgestellt und nur wenigen Leuten zugänglich.

Niemand dachte an die Übertragung von Zahlungstransaktionen über ein offenes, chaotisches und weltumspannendes Computernetz.

Die Idee, Geschäfte über das Internet abzuwickeln, ist erst in den letzten Jahren mit dem Boom des WWW entstanden. So ist Einkaufen im Internet etwa mit folgendem Bild zu vergleichen:

Jemand geht auf einen Markt, um Äpfel zu kaufen. Dazu stellt er sich irgendwo hin und fragt laut nach den Preisen für Äpfel. Von überall her kommen Antworten in Form des Händlernamens und des Apfelpreises. Der Käufer entscheidet sich schließlich für einen bestimmten Verkäufer, ruft ihm seine Kreditkartennummer zu und erhält seine Äpfel zugeworfen.

Auch wenn dieses Szenario absurd erscheint, ohne spezielle Sicherheitsmaßnahmen würde ein Kaufvorgang über das Internet im Prinzip so ablaufen. Weder Händler noch Kunde haben über den jeweils anderen irgendwelche gesicherten Informationen; im Prinzip kann sich jeder als jemand anders ausgeben. Zusätzlich können die übertragenen Daten auch von Dritten abgefangen, gelesen oder verändert werden.

Das Problem, Nachrichten Dritten gegenüber gesichert zu übertragen, ist nicht neu; um es zu lösen, gibt es sogar eine eigene Wissenschaft: die Kryptographie.

Sie versucht die Übertragung von Nachrichten gegen verschiedene Angriffe zu sichern. Für einen Angreifer gibt es dabei drei verschiedene Ansatzpunkte; die Kryptographie hält mit Abwehrmechanismen dagegen:

- Der Angreifer kann die Nachricht „abhören" und gelangt so in den Besitz vertraulicher Informationen. Um das zu verhindern, wird die Nachricht vom Sender verschlüsselt und kann dann nur noch vom berechtigten Empfänger entschlüsselt werden.

- Die Nachricht kann vom Angreifer verändert werden. Als Gegenmaßnahme wird die Nachricht mit einer eindeutigen Prüfsumme versehen, die der Angreifer nicht selbst erzeugen kann.
- Der Angreifer täuscht eine andere Identität vor und erhält so nicht für ihn bestimmte Nachrichten. Schutz davor bietet eine eindeutige Authentifizierung der Nachrichtenempfänger. Dies kann über Eigenschaften (Fingerabdruck, Stimme), Besitz (Schlüssel) oder spezielles Wissen (Paßwort) geschehen.

Bei Geschäften über das Internet kommen alle drei Angriffsarten auf die Nachrichtenübertragung vor. Die Daten können auf ihrem Weg durch das Netz an vielen Stellen abgehört oder manipuliert werden. Zusätzlich kann man nie sicher sein, wer sich am anderen Ende einer Internetverbindung befindet.

Allgemein betrachtet gibt es fünf Schritte für den Kaufvorgang zwischen Händler und Käufer. Diese fünf Schritte sind:

1. Angebot des Händlers an alle gerichtet
2. Kaufinteresse des Käufers für ein bestimmtes Produkt
3. Preisnennung des Händlers
4. Zahlung von Käufer an Händler
5. Übergabe der Ware von Händler an Kunde

Für den Electronic Commerce werden die fünf Schritte eines Kaufvorgangs zwischen Händler und Käufer auf das Internet übertragen:

1. Der Händler bietet seine Ware/Dienste über einen WWW-Server an. Die WWW-Seiten geben neben einer genauen Produktbeschreibung eine Liste der möglichen Zahlungsarten an. Jeder Internetbenutzer (Kunde), der diese Seite aufruft, erhält die gleiche Information.
2. Der Kunde schickt dem Händler Informationen über das gewünschte Produkt und die Zahlungsart.
3. Der Händler sendet den zu zahlenden Preis und die jeweilige Währung.
4. Der Kunde antwortet mit der gleichen Preis- und Währungsangabe sowie einem sogenannten Zahlungsobjekt. Das Zahlungsobjekt kann von unterschiedlichen Herausgebern (Banken) stammen und ganz verschiedene Ausprägungen haben. Es kann entweder einen bestimmten Geldwert repräsentieren (anonymes, digitales Bargeld) oder Informationen zum Bankkonto des Kunden enthalten (Einzugsermächtigung).
5. Nach dem Erhalt der Zahlung stellt der Händler eine digitale Quittung über den gezahlten Betrag aus und sendet sie zusammen mit der gewünschten Ware an den Kunden.

Sowohl der Händler als auch der Kunde laufen Gefahr, beim Einkaufsvorgang betrogen zu werden.

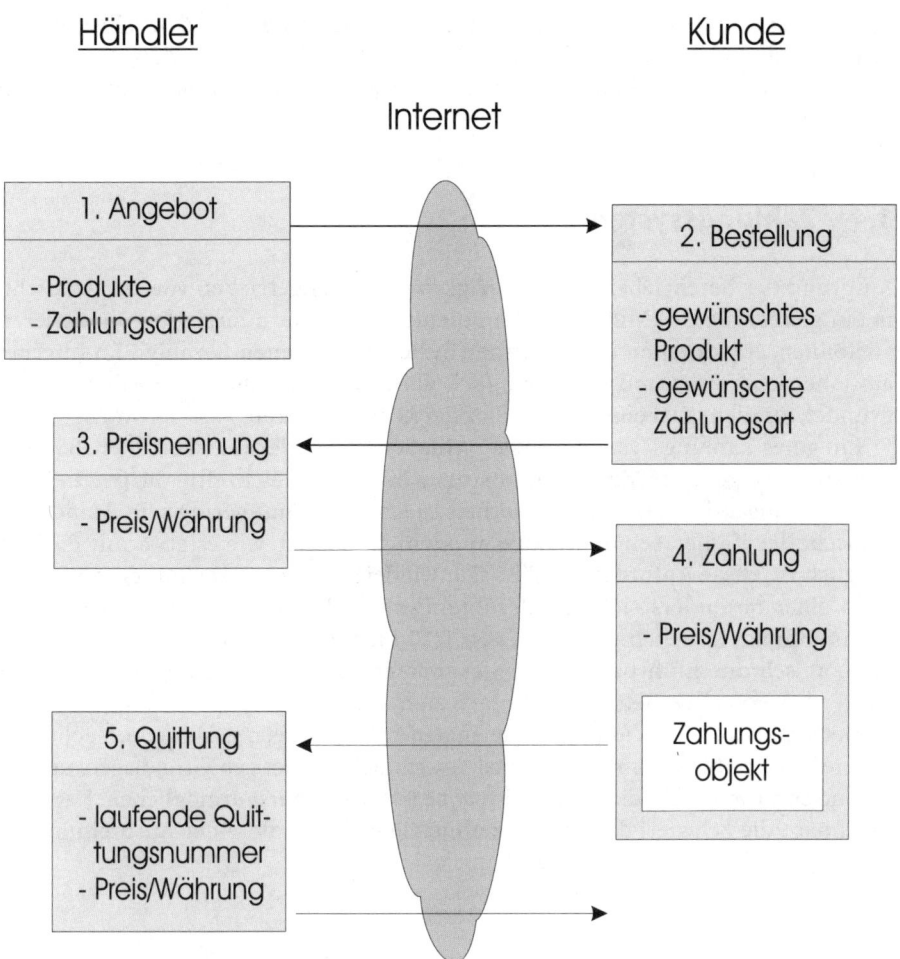

Abbildung 1.2: Einkaufvorgang im Internet

Für einen potentiellen Käufer stellt sich die Situation so dar: Er lädt sich das Angebot eines Händlers – in Form einer WWW Seite – in seinen Browser, und kann nun seine Kaufentscheidung treffen. Über die tatsächliche Identität des Händlers weiß der Käufer allerdings nichts. Auch weiß er nicht, ob nicht ein Dritter die WWW-Seite auf ihrem Weg durch das Netz verändert hat. Solange sich der Käufer nur das Angebot betrachtet, ist das auch nicht weiter tragisch. Möchte er die Ware aber jetzt bestellen und bezahlen, kann das fatale Folgen haben.

Wenn der Händler nicht der ist, für den er sich ausgibt, kommt er ohne Gegenleistung in den Besitz des übertragenen digitalen Geldes oder der Kreditkartennummer. Ein abhörender Dritter kann sich diese Daten ebenfalls aneignen.

Auch der Händler geht bei Verkäufen über das Internet ein gewisses Risiko ein. Wird dabei mit Kreditkarte bezahlt, kann er gegenüber dem Kreditkarteninstitut keine Unterschrift vorweisen und muß so bei unehrlichen Kunden selbst haften. Wird mit digitalem Bargeld bezahlt, läuft der Händler Gefahr, daß dieses Geld gefälscht ist oder möglicherweise von derselben Person schon mehrfach zum Bezahlen genutzt wurde.

1.4 Zahlungssysteme

Aufgrund der beschriebenen Schwierigkeiten und angetrieben von der Aussicht, in einigen Jahren mit Millionen von potentiellen Käufern direkt kommunizieren zu können, entwickelten einige Firmen Systeme, mit denen Bezahlen im Internet auf eine sichere Art und Weise möglich wird. Dabei werden auch Allianzen gegründet, mit dem Ziel einheitliche Standards zu etablieren.

Ein gutes Zahlungssystem muß verschiedene Anforderungen erfüllen. So muß es resistent gegenüber Manipulationsversuchen sein; gleichzeitig dürfen die Kosten pro Transaktion, um diese Sicherheit zu erreichen, nur gering sein. Manchmal wünscht der Käufer, seine Einkäufe anonym zu tätigen, wie es etwa mit Bargeld möglich ist; diese Anforderung läßt sich wiederum nur schwer mit dem Wunsch nach einer besonders sicheren Bezahlungsmöglichkeit verbinden. Auch sollten Transaktionen in beliebiger Höhe, von 1/10 Pfennig bis zu Tausenden von Mark ökonomisch durchführbar sein. Weiter müssen Zahlungssysteme, um akzeptiert zu werden, von allen Beteiligten einfach zu bedienen sein.

Der technischen Realisierung der genannten Anforderungen stehen jedoch politische und rechtliche Hürden im Weg. Kapitel 2 vermittelt die nötigen Grundlagen, um die Techniken zu verstehen, die Zahlungssysteme im Internet erst ermöglichen; Kapitel 3 beschreibt die Schwierigkeiten, die zum jetzigen Zeitpunkt einer Ausbreitung des Electronic Commerce entgegen wirken.

2 Technische Grundlagen

Wenn über die Bezahlung im Internet gesprochen wird, fallen Begriffe wie Public Key-Verschlüsselung, Kerberos oder digitale Signatur. Was hinter diesen Wörtern steckt, welche Verfahren und Mechanismen sie beschreiben, soll in diesem Kapitel erläutert werden.

2.1 Einführung

Eine wesentliche Anforderung an ein Zahlungssystem im Internet ist die Sicherheit. Sie umfaßt mehrere Aspekte:

- Übertragene Daten sollen nicht eingesehen werden. Dazu werden die Daten verschlüsselt (siehe Kapitel 2.2).
- Übertragene Daten sollen nicht verändert werden. Dazu werden sie mit einem elektronischen Fingerabdruck versehen (siehe Kapitel 2.3.2).
- Die Herkunft der Daten muß bekannt sein. Dazu werden sie authentifiziert (siehe Kapitel 2.3).

Die Kryptographie stellt Methoden und Algorithmen zur Verfügung, um die geforderte Sicherheit zu erreichen, die aber nicht absolut sein kann.

Wenn in der Kryptographie davon gesprochen wird, ein Verfahren sei sicher, dann ist damit folgendes gemeint:

Das Verfahren ist beim *momentanen Stand der Technik* sicher. Unter dem momentanen Stand der Technik versteht man hier erstens die zu einem bestimmten Preis verfügbare Rechnerleistung und zweitens die vorhandenen mathematischen Algorithmen zur Kryptoanalyse (diese Wissenschaft beschäftigt sich mit Methoden, eine Nachricht zu entschlüsseln).

Die zu einem bestimmten Preis verfügbare Rechnerleistung verdoppelt sich etwa alle 18 Monate; es gibt Schätzungen, die behaupten, in 5 Jahre wird sich die Rechnerleistung für Standard PCs verzehnfacht haben.

Bei einigen gebräuchlichen Verschlüsselungsverfahren spielen sehr große Zahlen eine Rolle. Verschiedene Methoden der Kryptoanalyse versuchen Codes zu entschlüsseln, indem sie die Zahlen in Primfaktoren zerlegen. Auch mit den besten derzeit verfügbaren Algorithmen wird für große Zahlen sehr viel Rechenzeit benötigt. Werden hier neue Algorithmen entwickelt, sind die zur Zeit verwendeten Codes praktisch über Nacht unsicher geworden.

Das Maß für die Sicherheit einer Verschlüsselungsmethode ist also der Aufwand, den ein Angreifer hat, um die Nachricht zu dechiffrieren. Wenn dieser Aufwand nicht im Verhältnis zum Nutzen des Angreifers steht, dann ist das kryptographische Verfahren sicher.

Wenn man es allerdings nur hartnäckig genug versucht, kann man jeden Code entschlüsseln.

So ist es im Rahmen eines von der Firma RSA ausgeschriebenen Wettbewerbs Anfang 1997 gelungen, eine Nachricht zu decodieren. Die Nachricht war mit einem 40-Bit-RC5-Schlüssel chiffriert und wurde von etwa 1.200 Rechnern in drei Stunden entschlüsselt. Kurze Zeit später wurde ein 48-Bit-RC5-Schlüssel mit etwa 3.500 Rechnern in wenigen Tagen entschlüsselt.

Auf den ersten Blick scheint eine Anzahl von über 1.000 Rechnern zum Entschlüsseln des Codes gewaltig zu sein; der 40-Bit-Schlüssel scheint also sicher genug. Doch mit 1.000 vernetzten Rechnern und mehr sind heute Universitäten auf der ganzen Welt ausgestattet. Und dort kann diese Rechenleistung von geschickten Studenten völlig kostenlos genutzt werden.

Dabei wird aber noch nicht einmal besondere Hardware verwendet. Auf die Decodierung von bestimmten Kryptoalgorithmen spezialisierte Maschinen werden von Geheimdiensten verwendet. Damit können Codes in bedeutend kürzerer Zeit entschlüsselt werden.

Aus rein technischer Sicht sind also Schlüssellängen in dieser Größenordnung nicht mehr als sehr sicher zu betrachten. Aber es gibt auch eine Art wirtschaftlicher Sicherheit. Wenn die Kosten, um an ein Geheimnis zu kommen, größer sind als dessen Wert, dann kann es als sicher bezeichnet werden.

2.2   Sichere Nachrichtenübertragung

Um das Abhören und Manipulieren von Nachrichten zu verhindern, werden diese mit geeigneten Verfahren verschlüsselt. Der Empfänger kann die so behandelten Nachrichten mit einem ihm bekannten Schlüssel entschlüsseln und lesen. Falls eine verschlüsselte Nachricht nun abgehört wird, ist sie für den Angreifer wertlos, da er sie ohne Kenntnis des Schlüssels nicht oder nur mit einem sehr großen Aufwand auswerten kann.

Man unterscheidet grundsätzlich zwischen symmetrischen und asymmetrischen Verfahren zur Nachrichtenverschlüsselung.

2.2.1 Symmetrische Verschlüsselungsverfahren

Bei symmetrischen Verfahren wird eine Nachricht mit dem gleichen Schlüssel ver- und entschlüsselt, d.h. der Sender (A) und der Empfänger (B) müssen denselben Schlüssel kennen. In der Praxis bedeutet dies jedoch, daß die Kommunikationspartner vor jedem Nachrichtenaustausch den Schlüssel auf sicheren Wegen aus-

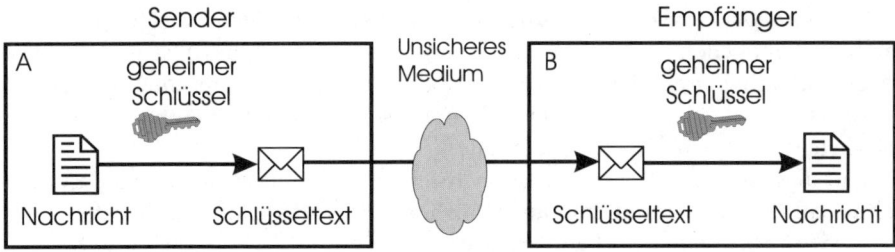

Abbildung 2.1: Nachrichtenübertragung mit symmetrischer Verschlüsselung

tauschen müssen. Dies kann zum Beispiel durch persönliches Treffen oder Kuriere geschehen. Für einige exklusive Kommunikationspartner kann dies eine praktikable Lösung sein, aber für eine beliebige Händler-Kunden-Beziehung ist dieses Verfahren zu aufwendig.

Ein Vorteil der symmetrischen Verfahren ist die relativ geringe Rechenleistung, die für eine Ver- und Entschlüsselung von Nachrichten benötigt wird. Das am häufigsten verwendete symmetrische Verfahren ist das amerikanische DES-Verfahren. Es wird auch als Data Encryption Algorithm (DEA) oder DEA-1 bezeichnet.

Die ursprüngliche Version von DES wurde Anfang der siebziger Jahre bei IBM entwickelt. Die NSA(National Security Agency) veränderte danach ein paar Details; unter anderem wurde die Schlüssellänge von 128 Bit auf 56 Bit reduziert. So wurde der Algorithmus 1977 veröffentlicht und von der US-Regierung als Bundesstandard anerkannt.

2.2.2 Asymmetrische Verschlüsselungsverfahren

Asymmetrische Verfahren verwenden Schlüsselpaare für die Ver- und Entschlüsselung. Dabei wird eine Nachricht mit einem Schlüssel verschlüsselt und kann dann nur mit dem zugehörigen zweiten Schlüssel entschlüsselt werden. Sender und Empfänger einer verschlüsselten Nachricht verwenden also verschiedene (aber zusammengehörige) Schlüssel.

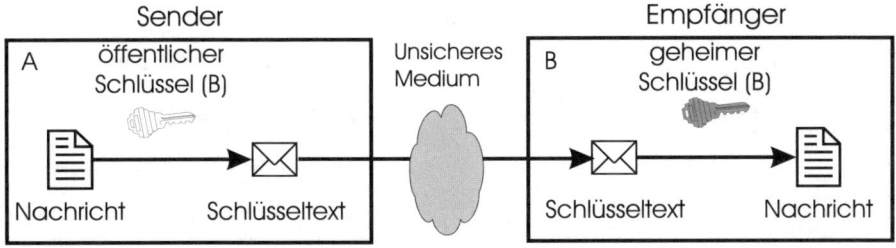

Abbildung 2.2: Gesicherte Nachrichtenübertragung mit asymmetrischer Verschlüsselung

Beim *Public-Key*-Verfahren wird einer der beiden Schlüssel veröffentlicht, der andere bleibt geheim. Möchte A an B eine Nachricht verschlüsselt senden, benutzt er den öffentlichen Schlüssel von B und kodiert damit die Nachricht. Das Ergebnis wird dann an B übertragen. Dieser benutzt seinen geheimen Schlüssel, um die Nachricht wieder im Klartext zu erhalten.

Auf diese Art und Weise können Nachrichten verschlüsselt übertragen werden, ohne daß sich Sender und Empfänger vorher zum Schlüsselaustausch treffen müssen, wie es bei symmetrischen Verfahren nötig ist.

Das amerikanische RSA-Verfahren ist das klassische asymmetrische Verfahren. Es wurde von Ron Rivest, Adi Shamir und Leonard Adleman entwickelt. Das Verfahren ist in den USA patentiert; das US-Patent wird im Jahre 2000 auslaufen. Um RSA in Produkten innerhalb der USA einzusetzen, müssen also Lizenzen erworben werden (über RSA Data Security). Das Patent auf das RSA-Verfahren ist im Bereich des Europäischen Patentübereinkommens aber nicht gültig. Es kann nicht mehr angemeldet werden, da das Verfahren schon vorher ohne Hinweis auf laufende Patentierung veröffentlicht wurde.

Asymmetrische Verfahren benötigen im Vergleich zu symmetrischen wesentlich mehr Rechenleistung zur Ver- und Entschlüsselung. Darum werden sie oft gemeinsam mit symmetrischen Verfahren verwendet. Sie dienen dann nur der Übermittlung von symmetrischen Schlüsseln (sog. Hybridverfahren) und zur Verschlüsselung von Unterschriften.

2.2.3 Hybride Verfahren

Um die Vorteile von symmetrischen und asymmetrischen Verfahren gleichzeitig nutzen zu können, geht man folgendermaßen vor:

Die Nachricht wird mit einem symmetrischen Schlüssel kodiert. Diesen bezeichnet man in diesem Fall auch als Sitzungsschlüssel (session key), da er nur für diese eine Übertragung erzeugt und benutzt wird. Der Sitzungsschlüssel wird dann mit dem öffentlichen Schlüssel des Empfängers eines asymmetrischen Verfahrens kodiert. Die chiffrierte Nachricht und der chiffrierte Sitzungsschlüssel

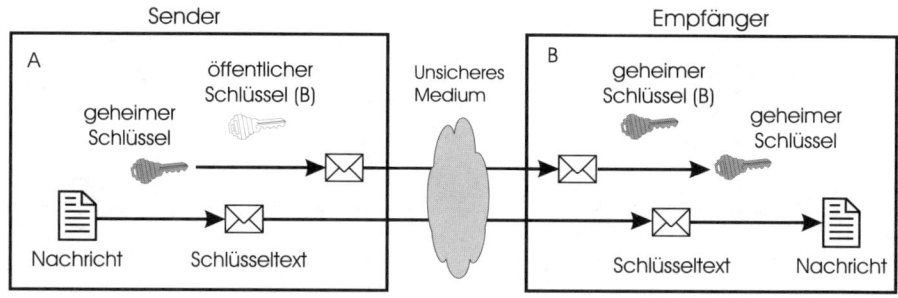

Abbildung 2.3: Gesicherte Nachrichtenübertragung mit hybriden Verfahren

werden nun an den Empfänger gesandt. Dieser kann mit seinem privaten Schlüssel den Sitzungsschlüssel – und mit diesem dann die Nachricht – dekodieren.

Durch diese Kombination wird die einfache Handhabbarkeit der asymmetrischen Verfahren mit der hohen Verarbeitungsgeschwindigkeit der symmetrischen verbunden.

2.3   Authentische Nachrichtenübertragung

2.3.1 Asymmetrische Verschlüsselungsverfahren

Asymmetrische Verfahren bieten neben einer sicheren Nachrichtenübertragung auch die Möglichkeit, Nachrichten zu authentifizieren. Wenn der Absender die Nachricht mit seinem geheimen Schlüssel codiert, kann zwar jeder die Nachricht mit dem zugehörigen öffentlichen Schlüssel lesen, die Herkunft der Nachricht ist aber gesichert (Abbildung 2.4).

Durch eine Kombination, also das Verschlüsseln einer Nachricht mit dem eigenen geheimen Schlüssel und das anschließende Verschlüsseln dieses Schlüsseltextes mit dem öffentlichen Schlüssel des Adressaten, können Dokumente sicher und authentisch versendet werden (Abbildung 2.5).

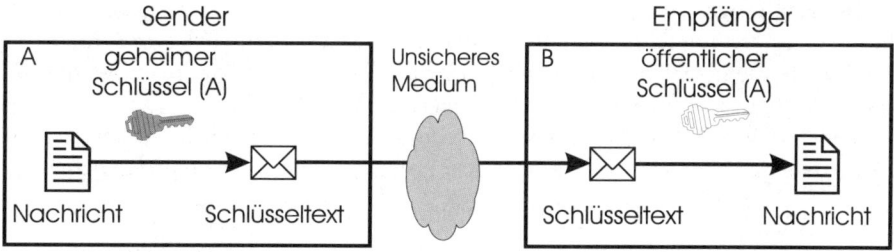

Abbildung 2.4: Authentische Nachrichtenübertragung mit asymmetrischen Verfahren

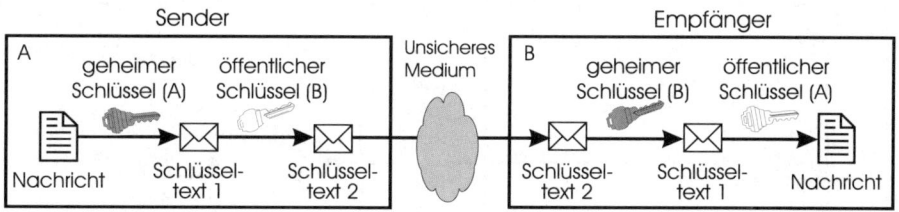

Abbildung 2.5: Gesicherte und authentische Nachrichtenübertragung mit asymmetrischen Verfahren

2.3.2 Digitale Signatur

Eine digitale Signatur (elektronische Unterschrift) wird zur Feststellung der Echtheit von elektronisch übermittelten Nachrichten verwendet. Sie ist das elektronische Äquivalent zur handschriftlichen Unterschrift und soll für elektronische Dokumente deren Aufgaben übernehmen (siehe Kapitel 3.2.2). Durch Überprüfung der digitalen Signatur läßt sich feststellen, ob die zugehörige Nachricht verändert wurde.

Eine digitale Signatur hat die Eigenschaft, daß sie nur von einer einzigen Person korrekt erzeugt, aber von allen Empfängern der Nachricht überprüft werden kann.

Hierfür eignen sich die oben beschriebenen asymmetrischen Verschlüsselungsverfahren. Es wird allerdings nicht das gesamte zu unterzeichnende Dokument verschlüsselt, da dies zu langen Rechenzeiten führen würde. Statt dessen wird aus dem Dokument ein kryptographischer „Fingerabdruck" (oder *Message Authentication Code*, MAC; manchmal auch *Message Digest,* MD) berechnet, der verschlüsselt dem Dokument beigefügt wird. Der Fingerabdruck wird mit *Einweg-Hash-Funktionen* berechnet.

Diese Funktionen haben die Eigenschaft, aus einer Nachricht einen eindeutigen Wert zu erzeugen, wobei aber aus diesem Wert die Nachricht nicht wieder reproduziert werden kann. Es ist so gut wie unmöglich zu einem vorhandenen Hashwert eine zweite Nachricht zu erzeugen, die wieder denselben Hashwert erzeugt. Häufig dafür verwendete Algorithmen sind MD4, MD5, SHA-1, CS4 oder RIPEMD-160 [Sch96].

Der Empfänger (B) erstellt einen Kontrollfingerabdruck des vorliegenden Dokuments und vergleicht diesen mit dem entschlüsselten Abdruck von Sender (A). Sind beide identisch, kann er sicher sein, daß dem unterzeichnenden Sender (A) das Dokument in derselben Form vorlag (Abbildung 2.6).

Der chiffrierte Fingerabdruck wird als *digitale Signatur* bezeichnet. Der gesamte beschriebene Vorgang – oder besser, das Protokoll – heißt *Authentifizierung.*

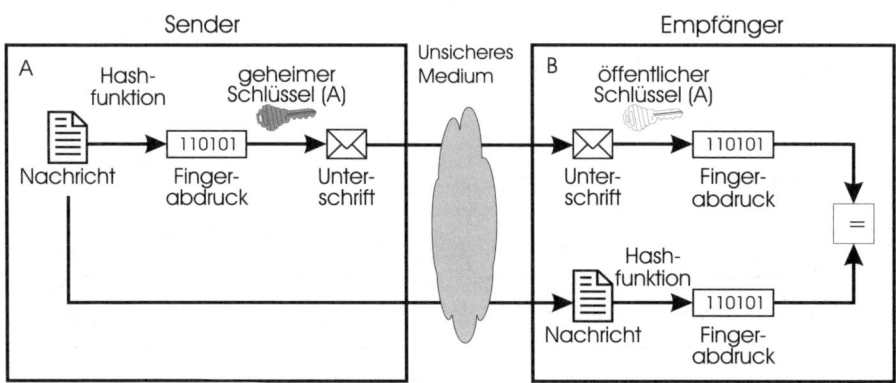

Abbildung 2.6: Grundkonzept digitale Signatur

In Kapitel 3.2.2 werden die für die Gesetzgebung notwendigen Eigenschaften der elektronischen Unterschrift besprochen.

2.3.3 Dual Signature

Bezahlung über Kreditkarten ist im Internet die derzeit am meisten verbreitete Zahlungsmethode. Der SET Standard (siehe Kapitel 4.3.2) für Zahlungssysteme nimmt dabei einen wichtigen Platz ein. Aus diesem Grund wird hier auf die Dual Signature eingegangen, die bei SET zum Einsatz kommt.

Bei Zahlungen nach SET werden mit der Bestellung auch verschlüsselte Kreditkarteninformationen an den Händler übertragen, die dieser nicht lesen kann und ungeprüft an seine Bank weiterleitet. Um dem Händler trotz der unsichtbaren Zahlungsanweisung Sicherheit zu geben und den Kunden vor Mißbrauch zu schützen, verwendet SET hier eine besondere Art der Signatur, die *Dual Signature*. Damit wird erreicht, daß Bestellung und Zahlungsanweisung eindeutig einander zuzuordnen sind, ohne daß der Händler die Zahlungsanweisung bzw. die Bank die Bestellung einsehen kann.

Die *Dual Signature* erlaubt es, zwei getrennte Nachrichten mit einer gemeinsamen Unterschrift so zu verbinden, daß sie nicht aus dem Zusammenhang gerissen und mißbraucht werden können. Beide Nachrichten können aber getrennt versendet und durch ihre „Doppelunterschrift" verifiziert werden.

Während bei normalen Unterschriften der Fingerabdruck einer Nachricht (*message digest*) verschlüsselt wird, werden bei *Dual Dignature* von beiden Nachrichten solche Fingerabdrücke erstellt und aneinander gehängt. Abbildung 2.7 zeigt, wie davon nun wieder ein Fingerabdruck gebildet und schließlich mit dem privaten Schlüssel des Absenders verschlüsselt wird.

Angenommen, der Händler (Bob) erhält Nachricht 1 von einer Kundin (Alice). Um zu überprüfen, ob die Nachricht tatsächlich von Bob stammt, generiert er den Fingerabdruck 1 selbst und benötigt zusätzlich nur den Fingerabdruck 2, den

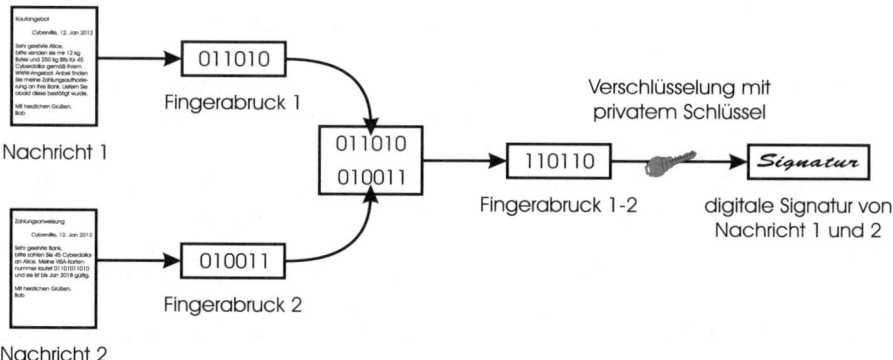

Abbildung 2.7: Prinzip der Doppelunterschrift bei SET

Alice beigefügt hat. Damit kann er nun einen neuen Fingerabdruck 1-2 erstellen und mit dem aus der Signatur entschlüsselten Fingerabdruck 1-2 vergleichen.

Bob weiß nichts über den Inhalt von Nachricht 2, besitzt aber eine gültige Unterschrift zu diesem Dokument, die er seinem Empfänger vorlegen kann.

2.3.4 Challenge Response

Mit *Challenge Response* werden Verfahren bezeichnet, die eine Authentifizierung ohne Informationspreisgabe erlauben (auch *Zero Knowledge Proof* genannt [Way96]). Damit wird verhindert, daß ein Angriff durch Abhören und Auswertung oder einfaches Wiederholen des Abgehörten Erfolg hat.

Eine solche Authentifizierung wird mittels einer Frage und einer Antwort (*challenge* und *response*) realisiert. Die eine Partei sendet eine zufällige Zahl und erhält eine von der Gegenstelle, mit Hilfe des gemeinsamen Schlüssels berechnete, Antwortzahl. Stimmt diese mit der selbst errechneten Antwort überein, ist die Gegenstelle im Besitz des geheimen Schlüssels und damit authentisch.

Dieses Verfahren wird vor allem bei Chipkarten angewendet, die sich gegenüber den Kartenlesegeräten verifizieren müssen.

2.4   Schlüsselmanagement

Ein Problem der Kryptologie ist die Verteilung der Schlüssel an die Kommunikationspartner. Es muß sichergestellt werden, daß ein Schlüssel, der einem Kommunikationspartner zugesandt wird, garantiert dem anderen zuzuordnen ist. Beispielsweise wird eine digitale Unterschrift erst durch eine solche Garantie glaubwürdig.

Für das Problem des Schlüsselmanagements gibt es einige Verfahren. Im folgenden werden die am häufigsten verwendeten vorgestellt.

2.4.1 Schlüsselmanagement mit Hilfe von Zertifikaten

Bei der Verwendung des *Public-Key*-Verfahrens besteht die Möglichkeit, ein Zertifikat zu präsentieren, das von einer offiziellen, allgemein anerkannten und bekannten Zertifizierungsstelle (*certification authority*) unterschrieben ist. Die Zertifizierungsstelle – auch Trust-Center genannt – hat Kenntnis über die wahre Identität einer Person und deren öffentlichen Schlüssel; das Zertifikat enthält den öffentlichen Schlüssel dieser Person. Die Zertifizierungsstelle muß sich dabei in geeigneter Form von der Identität der Person (A) überzeugen und erstellt dann durch Verschlüsselung des öffentlichen Schlüssels von A das Zertifikat. Auf welchem Wege der Empfänger B nun das Zertifikat für A erhält, spielt keine Rolle, da es nur die Zertifizierungsstelle mit ihrem geheimen Schlüssel erstellt haben kann

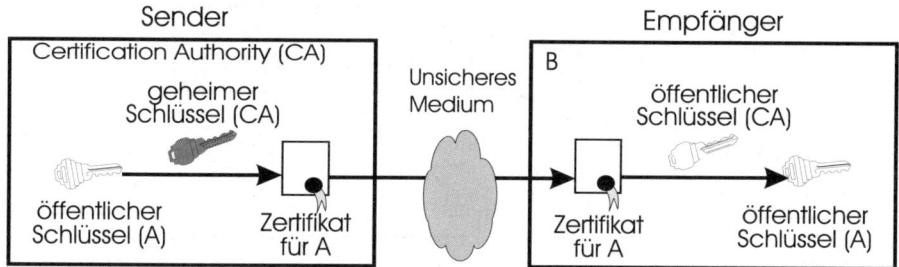

Abbildung 2.8: Authentifizierung eines Schlüssels durch ein Zertifikat einer Zertifizierungsstelle (CA)

und damit die Echtheit des Zertifikats garantiert ist. Der öffentliche Schlüssel des Trust-Centers muß dem Empfänger natürlich bekannt sein.

2.4.2 Kerberos

Das am MIT entwickelte Kerberos-System löst das Problem des Schlüsselmanagements auf andere Weise. Abbildung 2.9 zeigt das zugrunde liegende Prinzip. Ein zentraler Kerberos-Server, der Kenntnis von sämtlichen Benutzern des Systems und auch von deren (symmetrischen) Schlüsseln besitzt, wird von einem Benutzer A (Alice)[1] um einen Sitzungsschlüssel mit dem gewünschten Kommunikationspartner B (Bob) gefragt (1). Der Server erstellt einen zufälligen Schlüssel, der nur für diese Sitzung zwischen A und B gültig ist (hier mit K_{AB} bezeichnet) und sendet ihn an Alice einmal mit Alices Schlüssel und einmal – für Alice unlesbar – mit Bobs Schlüssel verschlüsselt. Diese Nachricht wird Kerberos-*Ticket* genannt (2). Diesen zweiten Teil der Nachricht kann Alice nun zur Kontaktaufnahme mit Bob verwenden. Bob kann diesen „verschlüsselten Schlüssel" lesen und für die sichere Kommunikation mit Alice verwenden.

Bei diesem Schema wird niemals ein geheimer persönlicher Schlüssel über das Netzwerk gesendet und auch die Sitzungsschlüssel werden nie ungesichert ausgetauscht. Außerdem kann sich Bob sicher sein, daß Alice authentisch ist, denn man kann ohne Kenntnis von Bobs Schlüssel einen Sitzungsschlüssel nicht selbst erstellen und für Bob verschlüsseln. Also muß Alice den Sitzungsschlüssel vom Kerberos-Server erhalten haben, der damit implizit Alices Identität garantiert. Kerberos sorgt also sowohl für eine sichere als auch für eine authentische Kommunikationsverbindung.

Es gibt eine ganze Reihe von Abwandlungen des Kerberos-Systems. Normalerweise wird symmetrische Verschlüsselung verwendet, aber es gibt auch die Möglichkeit mit asymmetrischen Schlüsseln zu arbeiten (vgl. NetCheque, Kap. 4.4.4 und NetCash, Kap. 4.5.3). Kerberos findet bei vielen UNIX-Systemen Verwendung

---

[1]In der Kryptologie werden Sender und Empfänger einer Nachricht der Einfachheit halber Alice bzw. Bob genannt.

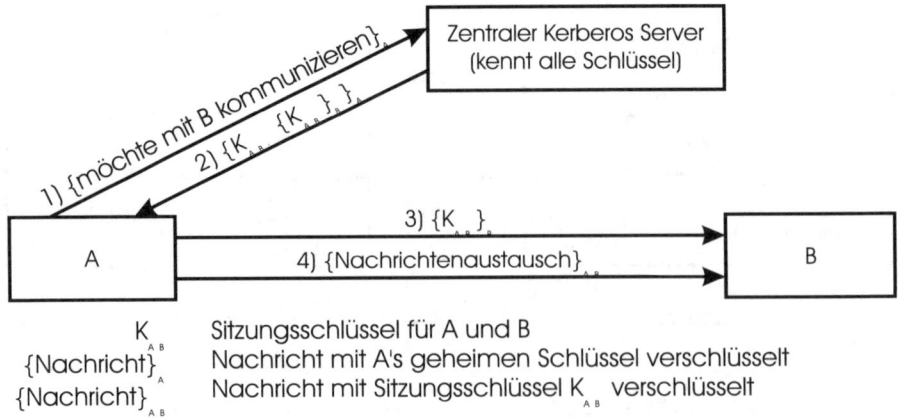

$K_{A B}$ Sitzungsschlüssel für A und B
{Nachricht}$_A$ Nachricht mit A's geheimen Schlüssel verschlüsselt
{Nachricht}$_{A B}$ Nachricht mit Sitzungsschlüssel $K_{A B}$ verschlüsselt

Abbildung 2.9: Schlüsselmanagement und Verbindungsaufbau bei Kerberos

und stellt die korrekte Authentifizierung eines Benutzers beim Login-Vorgang sicher [Neu93], [Neu95], [Sch94].

2.5   Anonymität und Kopierschutz bei digitalem Bargeld

2.5.1 Anonymität durch Kryptologie

Bei manchen Zahlungsmitteln besteht der Bedarf nach Anonymität. Dagegen steht aber die Notwendigkeit, jede einzelne elektronische Zahlungseinheit identifizieren zu können, um Mißbrauch zu unterbinden. Da in der Praxis eine solche identifizierbare Zahlungseinheit nach jeder Transaktion eingereicht und verifiziert wird, hat die ausgebende Bank, die Möglichkeit detaillierte Kundenprofile zu erstellen.

Ein von David Chaum entwickeltes und patentiertes Verfahren (*blinding*) eignet sich, um diesen scheinbaren Widerspruch zu lösen: Will die Benutzerin (Alice) eine elektronische Münze von ihrem Konto abheben, generiert sie selbst die gewünschte Münze mit einer zufälligen Seriennummer und verrechnet diese mit einem bestimmten Faktor (*blinding factor*). Alice reicht die Münze mit der verfremdeten Seriennummer anschließend bei ihrer Bank ein, welche die Münze mit der gewünschten Unterschrift versieht, ohne aber die ursprüngliche Seriennummer lesen und aufzeichnen zu können. Nachdem Alices Kontostand angeglichen worden ist, sendet ihr die Bank die Münze zurück. Alice kann aus dieser Münze nun den obigen Faktor wieder so herausziehen, daß die Unterschrift der Bank gültig bleibt. Damit besitzt sie nun eine anonymisierte digitale Geldmünze,

Abbildung 2.10: Abbuchung mittels Blinding [IN-2]

die nach dem Einreichen durch einen Händler, nicht mehr mit ihr in Verbindung gebracht werden kann.

In Abbildung 2.12 wird das Verfahren anschaulich dargestellt: Alice sendet eine Blankomünze in einem Umschlag an die Bank, die die Münze durch den Umschlag hindurch mit einem Stempel versieht und zurücksendet.

Das Hauptproblem bei diesem Verfahren ist die Notwendigkeit der Archivierung sämtlicher eingereichter Münzen, um mehrmaliges Einreichen erkennen und ablehnen zu können [IN-2], [Cha92].

2.5.2 Kopierschutz durch Aufhebung der Anonymität

Mit *Secret Sharing* wird ein Verfahren bezeichnet, das die Aufhebung der oben beschriebenen Anonymität nach dem Einreichen von mehreren Kopien derselben Zahlungseinheit erlaubt. Hierzu wird einer Münze Information über die Identität des Besitzers beigefügt. Wird mit der Münze bezahlt, so wird nur ein Teil der Identitätsinformation weitergegeben, der nicht ausreicht, den vormaligen Besitzer zu identifizieren.

Sollte die Münze aber kopiert und mehrfach verwendet werden, so werden bei den Transaktionen unterschiedliche Teilinformationen weitergegeben, die sich so ergänzen, daß die ausgebende Bank den vormaligen Besitzer identifizieren kann [Beu94],[Way96],[Cha92].

2.6   Weitere Verfahren

2.6.1 One Time Pad

Bis jetzt ist nur bei einem einzigen Verfahren der mathematische Nachweis der absoluten Sicherheit gelungen. Es ist dies das One-Time-Pad(Einmalblock)-Verfahren. Es wurde 1917 von Major Joseph Mauborgne und Gilbert Vernam von AT&T erfunden und funktioniert so:

Alice und Bob tauschen bei einem Treffen ein Codebuch aus, das beliebige, zufällige Zeichen enthält. Wenn nun Alice an Bob eine verschlüsselte Nachricht schicken möchte, nimmt sie das erste Zeichen der Nachricht und das erste Zeichen aus dem Codebuch und berechnet aus den beiden das erste Zeichen des Schlüsseltextes. So verfährt sie mit allen Zeichen ihrer Nachricht. Bob macht nun mit dem Schlüsseltext das gleiche in umgekehrter Reihenfolge; er berechnet mit dem ersten Zeichen des Schlüsseltextes und dem ersten Zeichen aus dem Codebuch das erste Zeichen der Nachricht und so fort.

Da für jedes Zeichen der Nachricht ein eigener zufälliger Schlüssel existiert, hat ein Angreifer keinen Angriffspunkt, den Code zu knacken. Das gilt allerdings nur dann, wenn die einzelnen Zeichen des Schlüssels wirklich zufällig sind.

Da es sehr unpraktisch ist, die möglicherweise sehr langen Schlüssel auszutauschen, findet dieses Verfahren keine große Verbreitung. Es wird lediglich in speziellen Hochsicherheitsanwendungen eingesetzt.

2.6.2 Steganographie

Den bisher beschriebenen Verfahren zur sicheren Übertragung von Nachrichten, war eines gemeinsam: Der Angreifer kann irgendwie in den Besitz der verschlüsselten Nachricht kommen. Zwar kann er zunächst die eigentliche Nachricht nicht lesen; er kann aber versuchen, den Code zu entschlüsseln.

Die Steganographie wählt einen anderen Ansatzpunkt, um Nachrichten vor Angreifern zu schützen. Die geheime Nachricht wird dabei in einer anderen unauffälligen versteckt. Beispiel dafür sind die unsichtbare Tinte oder ein Mikrofilm in einem Foto versteckt.

Auch im digitalen Zeitalter ist es möglich, Nachrichten zu verstecken. So ist es bereits gelungen, Daten in digitalen Bildern, Klang- und sogar Textdateien zu verbergen. Außerdem gibt es Verfahren, die digitale Nachrichten während eines Telefongespräches über eine ISDN-Leitung, für Dritte nicht wahrnehmbar, übertragen.

3 Rahmenbedingungen für Electronic Commerce

Das Internet entwickelt sich derzeit mit starkem Wachstum zu einer internationalen Plattform für elektronischen Handel, dem Electronic Commerce. Das letzte, aber entscheidende Hindernis für die globale Entwicklung des Electronic Commerce ist der elektronische Zahlungsverkehr im Internet. Hier bestehen noch einige grundsätzliche Probleme technischer, politischer und rechtlicher Art, deren Lösung jedoch bei dem großen potentiellen Marktvolumen des Electronic Commerce schon sehr bald erwartet wird.

3.1 Technische Voraussetzungen

Die wesentlichste Voraussetzung für den Electronic Commerce ist eine gut ausgebaute Infrastruktur. Es müssen genügend leistungsfähige Verbindungen vorhanden sein, um gleichzeitig Millionen von Käufern Produktinformationen senden zu können.

Hier arbeiten mehrere Interessensgruppen in dieselbe Richtung. Einige Staaten (z.B. USA, Deutschland) propagieren den Information Super Highway und unterstützen, teilweise über Universitäten oder direkt finanzierte Projekte, den weiteren Ausbau der Infrastruktur. Die Internet Provider verdienen ihr Geld damit, leistungsfähige Leitungen und Rechner zur Verfügung zu stellen. Die einst nur proprietären Online-Dienste (CompuServe, AOL, MSN, T-Online) öffnen sich zunehmend dem Internet und finanzieren so den weiteren Ausbau mit.

Diese Infrastruktur muß aber auch genutzt werden können; die Menschen müssen also einfach und kostengünstig Zugang zu den Netzen bekommen. Das Internet war vor noch nicht allzu langer Zeit nur wenigen elitären Institutionen wie Universitäten oder dem Militär vorbehalten. Das hat sich in den letzten Jahren dramatisch geändert. Neben den großen Firmen installieren auch immer mehr kleinere Unternehmen einen Netzzugang. Daneben wächst die Anzahl von Haushalten mit eigenem PC ständig. Auf diesen PCs ist dann die nötige Software bereits kostenlos installiert. Durch den harten Konkurrenzkampf der Online-Dienste sind die Preise für einen Internetzugang für viele Leute erschwinglich geworden. Bürgernetzvereine und einige wenige Provider bieten gar einen kostenlosen Zugang an. Darüber hinaus wird der Konkurrenzkampf am Telekommunikationsmarkt in den nächsten Jahren für sinkende Telefongebühren sorgen.

Das Internet als offenes und unsicheres Medium stellt noch eine weitere technische Herausforderung: Das Bezahlen muß sicher sein. Doch auch dafür gibt es bereits gute Lösungen. Die in Kapitel 5 vorgestellten Zahlungssysteme sind deutlich sicherer als die vertrauensvolle Herausgabe der Kreditkarte in einem Restaurant.

Aus technischer Sicht wäre also alles bereit für den Electronic Commerce. Warum aber noch immer beträchtliche Schwierigkeiten und Verzögerungen den Erfolg des Electronic Commerce unterbinden, zeigen die nächsten Abschnitte.

3.2   Rechtliche Probleme

Das Internet als weltumspannendes Übertragungsmedium stellt Juristen vor gewaltige Probleme. Die schnelle technische Entwicklung von Rechnernetzen hat rechtliche Aspekte lange Zeit außer acht gelassen. Eine juristische Absicherung für Vertragsabschlüsse und Bezahlung über das Internet besteht so gut wie nicht. Die wichtigsten rechtsfreien Bereiche sind nach [Bön95]:

- Schutz des geistigen Eigentums
- Zuständigkeit und Verantwortlichkeit für Inhalte
- Haftung von Internet-Dienste-Anbietern

Aber mit der wachsenden Bedeutung, die das Internet nun für die Allgemeinheit und insbesondere für den Kommerz erhält, muß eine klare rechtliche Grundlage geschaffen werden.

Widersprüchliche Urteile in den USA deuten auf eine enorme Rechtsunsicherheit hin. Die juristische Stellung und Verantwortung von Netzanbietern und -betreibern ist unklar. Eine rechtliche Grundlage wird daher meist durch eigene Abkommen zwischen Anbieter und Kunden geschaffen. Die wesentlichen Probleme resultieren zum einen aus der internationalen Ausprägung des Internet sowie dem Konflikt zwischen Datenschutz und Zensur. Es müssen Regelungen zum Schutz des geistigen Eigentums, der Zuständigkeit und Verantwortlichkeit für Inhalte und die Haftung von Internet-Dienste-Anbietern getroffen werden [Bön95].

Die an dieser Stelle interessierende Rechtsgültigkeit von Geschäftsabschlüssen ist ebenfalls unklar. Von grundlegender Bedeutung ist hierbei die rechtliche Verbindlichkeit der elektronischen Unterschrift. In Deutschland wurde 1995 eine entsprechende Gesetzesinitiative zum elektronischen Rechtsverkehr gestartet.

In diesem Abschnitt sollen die rechtlichen Probleme aufgezeigt werden, die den elektronischen Zahlungsverkehr betreffen.

3.2.1 Verwendung von Kryptographie

Die Sicherheit von Zahlungssystemen, gerade auf unsicheren Medien, hängt ganz wesentlich von den verwendeten kryptographischen Verfahren ab. Im vorhergehenden Kapitel wurde gezeigt, daß entsprechende sichere Methoden und Algorithmen vorhanden sind. Diese könnten aus technischer Sicht auch ohne weiteres in Software oder Hardware implementiert werden.

Staatliche Autoritäten behalten sich vor, die Verwendung kryptographischer Methoden zu kontrollieren. In welchem Umfang dies geschieht, ist von Land zu Land verschieden; immer jedoch sind es die Geheimdienste, die im Interesse der nationalen Sicherheit Druck auf den Gesetzgeber ausüben.

In den USA hat die National Security Agency (NSA) und das FBI in Sachen Kryptographie immer ein Wort mitzureden. Von dieser Seite kommt die Empfehlung für die Regierung, Kryptographieverfahren nach dem Waffenexport-Kontrollgesetz zu behandeln. So sind kryptographische Algorithmen mit Munition gleichzusetzen; zu deren Export muß man sich beim Außenministerium als Waffenhändler registrieren lassen und eine Exportgenehmigung beantragen. Wohlgemerkt gelten diese Einschränkungen innerhalb der USA nicht.

Gegen diese Politik gibt es Widerstand aus zwei Lagern. Da sind die Bürgerrechtsorganisationen, die in diesem Vorgehen eine Einschränkung auf das Grundrecht der Redefreiheit sehen. Danach dürften Hochschullehrer Kursmaterialien über Kryptographie nicht ohne besondere Genehmigung an ausländische Studenten geben. Der Hochschullehrer Daniel J. Bernstein gewann bereits einen Prozeß vor dem Bezirksgericht in Nordkalifornien. Das Gericht teilte die Meinung Bernsteins, die Exportbeschränkungen bedeuten in diesem Fall eine Einschränkung der Redefreiheit und sind nicht mit den Interessen der nationalen Sicherheit zu rechtfertigen.

Die zweite Interessensgruppe, die sich gegen die restriktive Kryptopolitik wendet, ist die Softwareindustrie und die Kreditkartenunternehmen. Zwar dürfen für den amerikanischen Markt bestimmte Produkte starke Verschlüsselungsverfahren enthalten; für den Export müssen sie aber abgeschwächt werden. Beispielsweise muß die Firma Netscape Communications für ihren marktführenden Netscape-Browser eine „entschärfte" Exportversion mit einer kürzeren Schlüssellänge anbieten.

Durch den steigenden Druck, besonders von Seiten der Industrie, zeichnet sich ein Nachgeben der Regierung, zumindest in Teilbereichen, ab. So werden zukünftig für Produkte, die Verschlüsselungsverfahren ausschließlich für Finanztransaktionen verwenden, keine besonderen Exportgenehmigungen mehr benötigt (z.B. CyberCash).

Daneben würde die amerikanische Regierung gerne ein früher gescheitertes Modell wieder einführen. Dieses Modell mit Namen *key escrow* erlaubt die Verwendung beliebiger kryptographischer Verfahren, solange Regierungsstellen die Möglichkeit haben auf die verschlüsselten Nachrichten zuzugreifen. Dazu muß entweder der Kryptoalgorithmus ein Hintertürchen haben, oder der jeweils verwendete Schlüssel wird, zumindest zum größten Teil, bei den entsprechenden Stellen hinterlegt. Der Clipper Chip, mit dem dieses Modell vor Jahren eingeführt werden sollte, verschwand bald wieder von der Bildfläche.

Jetzt versucht die US-Regierung Key Escrow einzuführen, indem die Exportgenehmigungen leichter für solche Produkte erteilt werden, die Key Escrow ermöglichen. Werden solche Produkte dann irgendwo auf der Welt zur Verschlüsselung von vertraulichen Daten benutzt, können amerikanische Regierungsstellen diese Daten wieder entschlüsseln.

Auch die Europäer liebäugeln mit dem Key-Escrow-System. Während Anfang 1997 für jedes europäische Land noch eigene, teils völlig unterschiedliche, Bestimmungen gelten, wird die Notwendigkeit für eine gemeinsame Lösung offensichtlich. Dabei wird Key Escrow, besonders angetrieben von Frankreich und England, favorisiert.

In Deutschland gibt es bislang noch keine Beschränkung bei der Verwendung von kryptographischen Verfahren. Jeder Versuch, von staatlicher Seite irgendwelche Restriktionen einzuführen, scheitert an Art. 10 Abs. 1 GG (Grundgesetz), der das Fernmeldegeheimnis schützt. Zwar dürfen – eventuell durch richterliche Verfügung – berechtigte Stellen eine Kommunikation abhören; sind die so gewonnenen Nachrichten aber verschlüsselt, müssen sich die abhörenden Stellen um eine Entschlüsselung selbst kümmern. Sie haben keinen rechtlichen Anspruch darauf, den verwendeten Schlüssel von dem Abgehörten oder einer dritten Partei zu bekommen. Eine solche dritte Partei wären Zertifizierungsstellen (Trust Center), die Schlüssel generieren und verkaufen.

Auch die 1995 erlassene Fernmeldeverkehr-Überwachungs-Verordnung (FÜV) ist kein Kryptogesetz. Der dort enthaltene §8 Absatz 4 Satz 2 lautet:

„Falls der Betreiber dem Teilnehmer Verschlüsselungsmöglichkeiten für die Nachrichten bereitstellt, hat er [...] dem Bedarfsträger die für eine Entschlüsselung erforderlichen Informationen zeitgerecht zur Verfügung zu stellen."

Damit wurde in erster Linie versucht, die Verschlüsselungstechnik beim Mobilfunk in den Griff zu bekommen. Diese verhindert ein Abhören, und so soll der obige Paragraph den Strafverfolgungsbehörden den gleichen Zugang zu Mobilfunk-Fernmeldeanlagen gestatten, wie er auch für das Festnetz gegeben ist. Eine weitergehende Verwendung des §8 Absatz 4 Satz 2 FÜV als Kryptogesetz wäre verfassungswidrig.

Auch wenn Deutschland Anfang 1997 noch eine liberale Kryptopolitik hat, wird sich dieser Zustand in den nächsten Jahren im Rahmen einer internationalen Lösung mit großer Wahrscheinlichkeit ändern. Dabei zeichnen sich Bestrebungen in Richtung eines Key-Escrow-Systems ab und eventuell einer gesonderten Behandlung von Verschlüsselungen, die auf Finanztransaktionen beschränkt sind.

Ob sich kriminelle Elemente der Gesellschaft von Gesetzen und Verordnungen von ihrem Tun abhalten lassen ist fraglich; der gesetzestreue Bürger verliert eine Möglichkeit mehr, seine Privatsphäre zu schützen, wenn aus Angst vor dem Verlust staatlicher Allmacht das Schutzschild Kryptographie durchlöchert wird.

Zimmermann, der Entwickler einer populären Email-Verschlüsselungs-Software, hat den Zusammenhang so formuliert: „If privacy is outlawed, only outlaws will have privacy."

3.2.2 Digitale Signatur

Wo immer Daten, Informationen und Dokumente in elektronischer Form ausgetauscht werden, stellt sich die Frage nach der Echtheit dieser Daten und Informationen. Wichtig ist die Frage insbesondere dann, wenn mit dem Kommunikationsvorgang eine Willenserklärung des Absenders verbunden ist.

In der klassischen papierbasierten Kommunikation dienten eigenhändige Unterschriften verbunden mit einer gewachsenen Tradition der Gesetzgebung und Rechtsprechung zur Herstellung eines gemeinsam akzeptierten und einklagbaren Verständnisses. Zwar ist auch die eigenhändige Unterschrift nicht fälschungssicher, doch in der Praxis erweist sich das Verfahren offenbar als ausreichend sicher und hinreichend praktikabel.

In elektronischer Form werden Daten zweckmäßigerweise mit digitalen Signaturen durch den Absender versehen. Die Schlüsselfrage für den Juristen lautet dann: Wie vertrauenswürdig kann eine derartige vom Absender geleistete „Unterschrift" sein und welche Aussagekraft besitzt sie vor dem Hintergrund der vielfältigen Funktionen einer eigenhändigen Unterschrift.

Die gegenwärtigen Tendenzen in der Gesetzgebung weisen daraufhin, daß neben dem Vorhandensein geeigneter kryptographischer Verfahren auch hohe Anforderungen an die Gestaltung signaturfähiger Geräte, an die konkreten Umstände einer Signaturerstellung sowie an ein umfassendes Konzept der *Trust Center* gestellt werden.

Das deutsche Recht fordert an vielen Stellen explizit die gesetzliche Schriftform. Diese Dokumente werden von Hand unterschrieben und sind, falls nicht deutliche Zweifel an ihrer Echtheit vorliegen, als Beweis anzuerkennen. Die Funktionen der Unterschrift sind dabei:

- Echtheitsfunktion
  Das unterzeichnete Dokument ist authentisch und lag dem Unterzeichnenden in dieser Form vor. Mit der digitalen Signatur ist diese Funktion sogar fälschungssicherer als bisher.
- Abschlußfunktion
  Mit der Unterzeichnung ist die Bearbeitung eines Dokuments abgeschlossen - es kann nichts hinzugefügt werden. Damit ist auch die inhaltliche Erklärung des Dokuments, also der Vertrag, abgeschlossen und rechtskräftig.
- Warnfunktion
  Durch den Vorgang der bewußten Unterschriftsvollziehung wird die Bedeutung und das Gewicht der mit der Unterschrift bezeugten Willenserklärung oder Tatsachenfeststellung betont. In der technischen Realisierung einer digitalen Signatur ist nicht ausgeschlossen, daß eine Maschine Signaturen automatisch ohne Zutun und ohne Warnung der verantwortlichen Person leistet.
- Identitätsfunktion
  Die Unterschrift ist eindeutig dem Unterzeichnenden zuzuordnen und kann

von keiner anderen Person erzeugt werden. Für eine eindeutige und garantierte Zuordnung werden für eine digitale Unterschrift garantierende Zertifizierungsstellen gebraucht.

Der Gesetzgeber hat nun die Notwendigkeit erkannt, rechtliche Grundlagen dafür zu schaffen, die genannten Funktionen auf eine elektronische Unterschrift auszuweiten. Dazu gibt es einen „Entwurf eines Gesetzes zur Regelung der Rahmenbedingungen für Informations- und Kommunikationsdienste" (Informations- und Kommunikationsdienste-Gesetz, IuKDG). Das Gesetz wurde vom Bundestag bereits beschlossen. Die endgültige Verabschiedung wird für Mitte 1997 erwartet; es soll dann Anfang 1998 in Kraft treten. Der Artikel 3 des IuKDG ist das „Gesetz zur digitalen Signatur" (Signaturgesetz, SigG) dessen Zweck es ist, „Rahmenbedingungen für digitale Signaturen zu schaffen, unter denen diese als sicher gelten und Fälschungen digitaler Signaturen oder Verfälschungen von signierten Daten zuverlässig festgestellt werden können" (§1 Abs.1 SigG) [IN-1].

In Kapitel 2.3 wurde bereits erläutert, wie man technisch eine digitale Signatur realisieren kann; was der Begriff rechtlich bedeutet, erklärt Abs.1 SigG:

„Eine digitale Signatur im Sinne dieses Gesetzes ist ein mit einem privaten Signaturschlüssel erzeugtes Siegel zu digitalen Daten, das mit Hilfe eines zugehörigen öffentlichen Schlüssels, der mit einem Signaturschlüssel-Zertifikat einer Zertifizierungsstelle oder der Behörde nach §3 versehen ist, den Inhaber des Signaturschlüssels und die Unverfälschtheit der Daten erkennen läßt."

Das Gesetz beschäftigt sich im wesentlichen mit folgenden Punkten:

- Anforderungen betreffen neben den kryptographischen Verfahren auch die Systeme zur Schlüsselherstellung, ihrer Speicherung, der Personalisierung sowie die zur Erzeugung bzw. zum Prüfen von Signaturen genutzten Systeme.
- Etablierung einer „Signaturbehörde" (voraussichtlich im BSI, dem Bundesamt für Sicherheit in der Informationstechnik).
- Zertifizierungsstellen werden von der Signaturbehörde zugelassen. Es bestehen detaillierte Anforderungen an die Tätigkeit der Zertifizierungsstellen.
- Die Signaturbehörde zertifiziert die öffentlichen Schlüssel der Zertifizierungsstellen.

Im Kern wird damit ein hierarchisches klassisches System von *Trusted Third Parties* etabliert. Der Gesetzgeber kontrolliert in hohem Maße die Verfahren und Organisationen, die zur Realisierung einer digitalen Signatur beitragen. Dies gilt insbesondere für die Anbieter von *Trust-Center*-Diensten und die Hersteller von relevanter Software auch im Anwenderbereich.

In der Summe ergeben sich eine Anzahl von Gestaltungsanforderungen, die nicht auf das Vorhandensein eines bloßen Kryptoalgorithmus reduziert werden können. Vielmehr richten sich diese Anforderungen stark an die Funktionalität bzw. Benutzeroberfläche eines Signatur-Programms.

Es existieren Ansätze, die Anforderungen an ein zur Realisierung von digitalen Signaturen fähiges System in einer Funktionalitätsklasse als Grundlage für eine ITSEC-Evaluierung (*Information Technology Security Evaluation and Certification*) zusammenzufassen.

Unklar bleibt jedoch noch, bei welchen Arten von Dokumenten das elektronisch unterzeichnete, digitale Dokument dem von Hand unterzeichneten Papierdokument gleichgestellt wird. Es ist aber zu erwarten, das bald die explizite Forderung nach der gesetzlichen Schriftform an einer ganzen Reihe von Gesetzesstellen aufgehoben wird.

Damit wären dann für den Electronic Commerce wesentliche Hindernisse aus dem Weg geräumt; Verträge können dann über elektronische Medien genauso geschlossen werden, wie das bisher mit Verträgen auf Papier möglich ist. Dabei werden nach dem SigG auch digitale Signaturen anerkannt, die mit Zertifikaten überprüft werden können, die aus Ländern der Europäischen Gemeinschaft stammen, oder aus Ländern kommen, mit denen Vereinbarungen über die Anerkennung von Zertifikaten getroffen wurden.

3.2.3 Datenschutz

Die meisten der in Kapitel 4 vorgestellten Zahlungssysteme sind nicht anonym. Das bedeutet, daß der Händler, die Bank oder der Betreiber des Zahlungssystems personenbezogene Daten über den Käufer erhalten.

Diese Daten können zum Erstellen sogenannter Benutzerprofile verwendet werden, welche Aufschluß über das Kaufverhalten von Personen geben sollen. In den Benutzerprofilen werden Informationen über den Käufer gespeichert. Das sind Alter, Geschlecht, Beruf, Interessen, bevorzugte Produkte (und wann diese Produkte gekauft werden). Einzelne Käufer werden dann zu Gruppen mit jeweils gleichen Eigenschaften zusammengefaßt und können so gezielt durch Werbung angesprochen werden.

Solche Marketinginstrumente gibt es nicht erst seit dem Internet. Jedoch schafft das elektronische Medium eine neue Qualität. So kann der potentielle Käufer schon während er sich für eine bestimmte Produktgruppe interessiert in Echtzeit auf seine speziellen Interessen hin mit Werbung versorgt werden (Realtime Marketing). Ein Beispiel hierfür sind die Suchmaschinen im Internet. Wenn diese einen bestimmten Benutzer erkennen und zu ihm eine Benutzerprofil gespeichert haben, reagieren sie schon auf der Startseite mit der entsprechenden Werbung. Das Ergebnis der Internetsuche wird dann, gemäß den Interessen des Benutzers, speziell sortiert.

In Deutschland ist eine solche Vorgehensweise nur eingeschränkt möglich. Wenn personenbezogene Daten anfallen, müssen nach dem Bundesdatenschutzgesetz strenge Datensicherheitsauflagen eingehalten werden (Auskunftspflicht, technische und organisatorische Maßnahmen nach §9 BDG).

Es ist zweifelhaft, ob sich die deutschen Vorstellungen zum Datenschutz im Internet durchsetzen werden. In den USA wird beispielsweise wesentlich weniger

Wert auf den Schutz persönlicher Daten gelegt – im Gegenteil: First Virtual vermarktet die Kundeninformationen, die per Email gewonnen werden, und wirbt mit der Möglichkeit einer direkten kundenspezifische Werbung per Email nach dem Schema des amerikanischen Telefonmarketings.

3.3   Interessensgruppen

Neue Systeme setzen sich nur durch, wenn die daran beteiligten Interessengruppen einen ausreichend großen Nutzen davon haben. Bei Zahlungssystemen sind eine Reihe von Gruppen involviert; da sind zunächst natürlich die Händler und Kunden, die Systemarchitekten und -betreiber sowie die Banken und Zertifizierungsstellen.

3.3.1 Kunde

Das Interesse des Endbenutzer an einem elektronischen Zahlungssystem liegt primär in der Möglichkeit des bequemen Einkaufens. Es würde ihm ermöglichen, von zu Hause aus rund um die Uhr Waren zu bestellen oder Software bzw. Informationen zu beziehen. Der Bedarf an einer elektronischen Zahlungsmöglichkeit wird im Hinblick auf die Möglichkeiten der Informationsgesellschaft wie z.B. *Home Shopping* oder *Video on Demand* in naher Zukunft stark ansteigen. Es ist durchaus mit einer Bereitschaft der Nutzer zu rechnen, sich solche Dienste mit erhöhten Preisen zu erkaufen.

3.3.2 Händler

Obwohl ein Händler in der Regel die Kosten des bargeldlosen Zahlungsverkehrs zu tragen hat, eröffnet der Verkauf oder die Bestellungsannahme über das Internet ein enormes Kundenpotential. Der zusätzliche Prestigegewinn und der zusätzliche Umsatz durch ein weltweites Produktangebot machen eine solche Investition in vielen Fällen rentabel. Durch die Führung einer personifizierten Kundendatenbank (freiwillige Kundenkarte) besteht außerdem die Möglichkeit der Erstellung von Kundenprofilen. Sollte der Umsatz insgesamt nicht steigen, können durch Verlagerung des Geschäfts auf den Onlineverkauf die Ausgaben für Verkaufspersonal und -räume gesenkt werden.

3.3.3 Systemarchitekt

Der Systemarchitekt ist zuständig für die Entwicklung eines Zahlungssystems und prägt den Produktnamen seines Systems (*branding*). Er kann kostenpflichtige

Lizenzen an die Systembetreiber vergeben, oder seinen Nutzen aus der weiteren Verbreitung seines Branding ziehen (z.B. VISA, MasterCard mit dem SET Standard).

Darüber hinaus muß der Systemarchitekt das Zahlungssystem weiterentwickeln, um den wachsenden Sicherheitsanforderungen gerecht zu werden.

3.3.4 Systembetreiber

Der Betreiber eines bargeldlosen Zahlungssystems ist ein Vermittler zwischen Händlern und Banken. Sämtliche Händlereinnahmen werden durch ihn an die entsprechenden Banken weitergeleitet. Außerdem wickelt der Systembetreiber das Clearing für den Händler ab. Er ist für die Installation und Wartung des Systems bei Kunden und Händlern verantwortlich und übernimmt u.U. auch die Aufgabe des Inkasso. Er finanziert sich durch Gebühren, Umsatzbeteiligungen und Dienstleistungen.

3.3.5 Banken (Herausgeber)

Vorausgezahlte Beträge auf Chipkarten stellen laut [Mün95] eine Form der Sichteinlage dar. Daraus leitet sich unmittelbar ab, daß an den Herausgeber eines Debit-Systems dieselben Forderungen zu stellen sind wie an andere Institutionen mit Sichteinlagen. In [EMI94] wird daher empfohlen, nur Kreditinstitutionen als Herausgeber solcher Systeme zuzulassen, um

- das Vertrauen der Öffentlichkeit in das Zahlungsmittel zu gewährleisten,
- die Kunden vor den Folgen eines Konkurses zu schützen,
- die Durchführung der Geldpolitik zu ermöglichen (insbesondere Kontrolle des Geldumlaufs),
- einen fairen Wettbewerb zu ermöglichen.

Hinter dieser Argumentation verbergen sich allerdings weitere Interessen: Vorausgezahlte Beträge liegen solange bei der ausgebenden Organisation, bis sie nach einem Kauf ausbezahlt werden. Dieser sogenannte *Float* wirft aber einen enormen Zins ab. Im österreichischen Chipkarten-Feldversuch in Eisenstadt waren im Durchschnitt DM 157.- auf jeder Chipkarte geladen. Selbst wenn der *Float* nur bei Banken liegen kann, gibt diese enorme Einnahmequelle den anderen Parteien ein gewichtiges Argument gegen weitere Gebühren der Banken.

Zum anderen bieten elektronische Zahlungsverfahren großes Potential für Kosteneinsparungen. Bargeld-Handling und Bearbeitung von Papierbelegen ist unglaublich teuer! Beispielsweise kostet eine normale Überweisung per Überweisungsschein (Bearbeitung, Transport etc.) die Bank insgesamt DM 3.-. Durch elektronischen Zahlungsverkehr können enorme Kosten eingespart werden, daher besteht großes Interesse an allen Arten des bargeldlosen Zahlungsverkehrs.

Obwohl die deutschen Banken die obige Empfehlung begrüßen, ist das Meinungsspektrum zum Thema elektronischer Zahlungsverkehr gespalten. Dies liegt zum einen an einem (noch vorhandenen) Informationsdefizit bezüglich der neu-en, vielfältigen Möglichkeiten, welche das Medium Internet bietet, zum anderen an dem Angebot von überregionalen Finanzdienstleistungen via Internet, an de-nen vor allem kleinere Banken mit regionalen Schwerpunkten prinzipiell kaum Interesse haben. Der ZKA (Zentraler Kreditausschuß) ist nicht weisungsbefugt, d.h. er kann den deutschen Banken nur Empfehlungen aussprechen. Da alle Be-schlüsse zudem einstimmig gefaßt werden müssen, stellt sich der ZKA in der Regel nicht flexibel genug auf neue Technologien ein.

Einige Stimmen läuten allerdings sogar schon das Ende des klassischen Ban-kentums ein und prophezeien eine Zukunft mit automatisierten und filiallosen Banken, die ihre Kunden ausschließlich zu Hause bzw. über ein Netzwerk be-treuen. Auch wenn diese Zustände noch weit in der Zukunft liegen, sind sie für klassische Banken doch bedrohlich. Viele führenden Banken bemühen sich daher, die Einführung neuer elektronischer Zahlungssysteme mitzugestalten.

3.3.6 Zertifizierungsstellen/Trust-Center

Trust Center haben als sichere und staatlich zertifizierte Instanzen die Aufgabe, kryptographische Schlüssel für Individuen auszugeben und damit deren Identität sowie eine sicher verschlüsselte Nachrichtenübertragung zu garantieren. Digitale Unterschriften hängen in hohem Maße von einer vertrauenswürdigen Infrastruk-tur von *Trust Centern* ab. Diese teuren Dienste werden wahrscheinlich durch Li-zenzen und Gebühren von den Kunden, Händlern, Systembetreibern und Banken finanziert.

3.4   Chancen

Die genannten Probleme behindern derzeit den elektronischen Zahlungsverkehr im Internet. Allerdings sind sie lösbar oder können zumindest so eingegrenzt werden, daß bereits heute entsprechende Zahlungsmöglichkeiten geschaffen werden können. Es gibt schon zahlreiche Unternehmen, die in die neuen elektronischen Märkte drängen.

Rechnet man die Entwicklung unserer Informationsgesellschaft nur für ein paar Jahre voraus, so erkennt man die enorme Bedeutung, die dem *Electronic Commerce* durch Dienste wie *Teleworking*, *Video on Demand* oder *Teleshopping* zukommen wird. Solche Dienste werden aber mit Sicherheit nicht auf herkömmliche Weise ab-gerechnet werden können. Elektronische Zahlungssysteme sind eine Voraussetzung für den *Electronic Commerce* im Internet.

4 Analyse elektronischer Zahlungssysteme

Die Voraussetzung für die kommerzielle Nutzung des Internet sind geeignete Zahlungsmöglichkeiten. Für solche netzorientierten Zahlungssysteme gibt es derzeit viele kleine und große Anbieter und entsprechend unübersichtlich ist dieser Markt. In diesem Kapitel wird eine Übersicht über die unterschiedlichen Zahlungsmöglichkeiten gewährt werden, so daß ein Vergleich gezogen werden kann. Hierzu werden die derzeit wichtigsten Ansätze für Zahlungssysteme einzeln vorgestellt und technisch beleuchtet.

4.1 Kategorisierung

Die im folgenden vorgestellten Zahlungssysteme basieren auf z.T. grundverschiedenen Lösungsansätzen, so daß ein direkter Vergleich schwierig ist. Um sie übersichtlicher präsentieren zu können, teilen wir sie daher in Kategorien ein.

Grundsätzlich können drei Klassen von Zahlungssystemen im Internet unterschieden werden (Abbildung 4.1): Kreditkartenzahlung, Zahlung über Kundenkonten und digitales Bargeld. Im folgenden werden die Kennzeichen dieser Zahlungssystem-Kategorien näher erläutert.

4.1.1 Kreditkartenzahlung über das Internet

Die einfachste und naheliegendste Zahlungsweise über das Internet ist die direkte Verwendung bestehender Zahlungssysteme. Hierbei ändert sich nur das Medium, über welches der Kunde seine Transaktionsinformationen dem Händler übermittelt. Alle weiteren Transaktionsschritte werden auf herkömmlichem Wege abgewickelt. Das Internet hat also lediglich eine einleitende Funktion. In dieser Kategorie werden alle Arten der direkten Zahlung per Kreditkarte und die meisten Abwandlungen davon betrachtet.

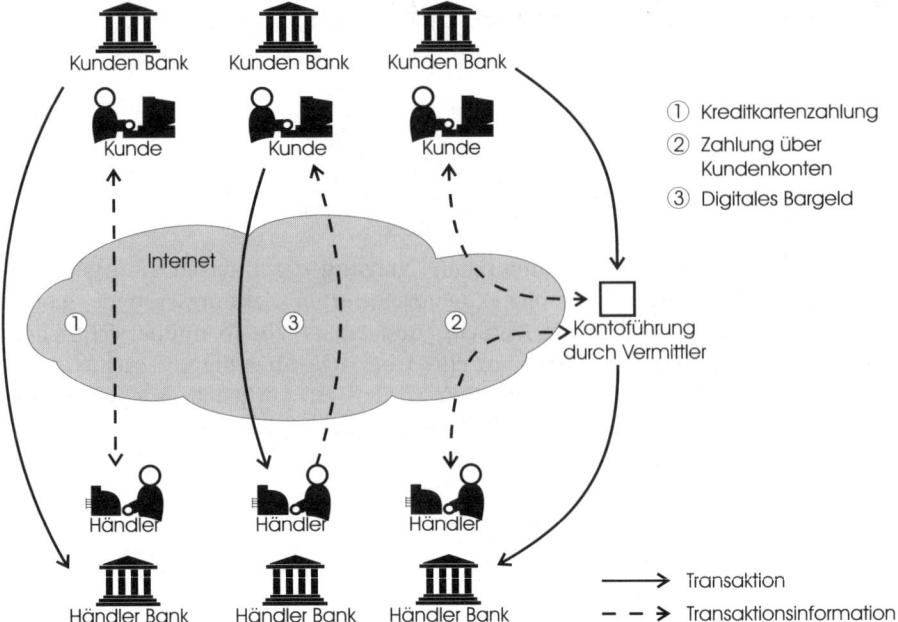

Kunden Bank   Kunden Bank   Kunden Bank

Kunde   Kunde   Kunde

Internet

① Kreditkartenzahlung
② Zahlung über
   Kundenkonten
③ Digitales Bargeld

Kontoführung
durch Vermittler

Händler   Händler   Händler

Händler Bank   Händler Bank   Händler Bank

→   Transaktion
- - ▷   Transaktionsinformation

Abbildung 4.1: Kategorisierung elektronischer Zahlungssysteme im Internet

4.1.2 Zahlung über Kundenkonten

Eine weitere Möglichkeit, um Zahlungen über das Internet zu realisieren, ist das Führen von Kundenkonten durch eine vermittelnde dritte Partei (Vermittler). Der Kunde wählt sich in das Einkaufssystem ein, authentifiziert sich z.B. durch Paßwort und kann dann beliebig einkaufen. Die Zahlungsbeträge werden auf seinem Kundenkonto akkumuliert und regelmäßig von seinem Bankkonto abgebucht. Diese Zahlungsart gibt dem Vermittler einen großen Freiraum, da er keine gesetzlichen Zahlungsmittel benutzt und somit auch nicht die Anforderungen an solche erfüllen muß. Kunde und Händler gehen bei diesen Zahlungssystemen ein festes Vertragsverhältnis mit dem Vermittler ein. Entscheidend bei solchen Systemen ist, daß der Kunde sich nur bei der vermittelnden Partei authentisieren muß, so daß dieser Schritt bei verschiedenen Einkäufen bei den Händlern entfallen kann. Online-Dienste wie z.B. CompuServe oder AOL fallen ebenso in diese Kategorie wie Internet-Marktplätze (z.B. MyWorld).

4.1.3 Zahlung mit digitalem Bargeld

Durch die Schaffung einer neuen elektronischen Währung im Internet, die ähnlich wie Bargeld benutzt werden kann, können Kunde und Händler unabhängig von Vermittlern und Banken Geschäfte tätigen. Eine Bank muß eine solche Währung decken, ausgeben und akzeptieren, kann aber im Idealfall keine Relation zwischen Kunde und Händler herstellen. Der Kunde bleibt dadurch anonym – genauso wie er es bei „realem" Bargeld gewohnt ist.

Da elektronisches Geld leicht kopiert werden kann, ist es erforderlich digitale „Münzen" bei Einzahlung auf Gültigkeit zu prüfen. Diese Prüfung kann jedoch nur von der ausgebenden Bank vorgenommen werden, d.h. auch hier muß Geld zwischen Banken transferiert werden (*clearing*). Da dieser Schritt unbemerkt von Händlern und Benutzern abläuft und auch keine Auswirkung auf die Transaktion sowie die Anonymität haben darf, wurde in Abbildung 4.1 auf die Darstellung des Clearing verzichtet..

Abbildung 4.2 zeigt, daß sich die drei gewählten Kategorien hinsichtlich des Dienstkontextes und des Zahlungsbetrages ergänzen. Während digitales Bargeld als offenes Zahlungsmittel primär für Mikrozahlungen (Zahlungen von Beträgen unter DM 5) geeignet ist, decken Kreditkartenzahlungen alle größeren Transaktionen ab (sogenannte Makrozahlungen; Beträge über DM 5). Im Falle eines geschlossenen Marktplatzes können Kundenkontos geführt werden, die für die Zahlung beliebiger Beträge geeignet sind. Sobald die ersten beiden Zahlungsarten etabliert sind, wird der Anteil der dritten Zahlungsart mit Sicherheit zurückgehen.

Neben diesen drei Zahlungsarten gibt es auch die Möglichkeit über das Internet zu bestellen und die Zahlung auf herkömmlichem Wege auf Rechnung, per Banküberweisung oder per elektronischem Lastschriftverfahren abzuwickeln. Dies sind sichere und bewährte Zahlungsverfahren, die beispielsweise von „Lehmanns Buchhandlung" der Zeitung „Computerwoche" und den meisten elektronischen Marktplätzen in Deutschland angeboten werden. Allerdings haben diese Zahlungsverfahren mit dem Internet recht wenig zu tun, denn das Netz ist hier lediglich Be-

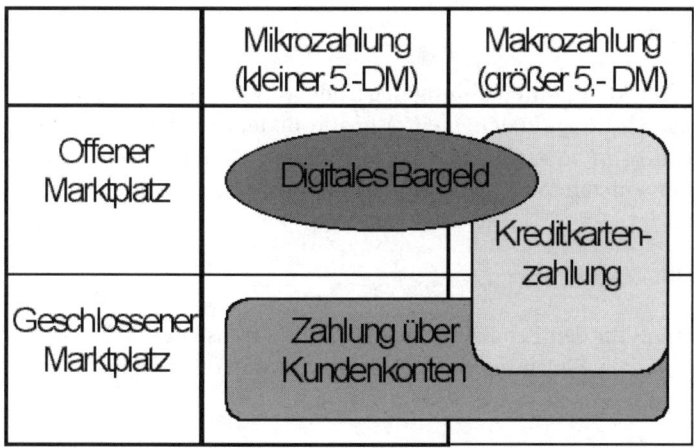

Abbildung 4.2: Zusammenhang zwischen Zahlungsbetrag, Dienstkontext und Zahlungsart.

stellmedium wie z.B. Fax oder Telefon. Diese Abrechnungsmöglichkeiten werden daher nicht genauer betrachtet. Sie können aber durchaus sinnvolle Alternativen sein.

4.2   Systemeigenschaften eines elektronischen Zahlungssystems

Es gibt prinzipielle Eigenschaften eines Zahlungssystems, die unabhängig von dessen Umsetzung sind. Diese Eigenschaften eignen sich, um die Zahlungssysteme einzuordnen und vergleichend gegenüberzustellen.

4.2.1 Sicherheit

Elektronische Zahlungssysteme müssen ausreichenden Schutz vor Angriffen in unsicheren Kommunikationsnetzen wie dem Internet bieten und jeden Mißbrauch ausschließen. In der Regel wird diese Sicherheit durch Datenverschlüsselung erreicht. Auch andere Verfahren können ausreichende Sicherheit bieten (wie z.B. nur einmal gültige Transaktionsnummern).

4.2.2 Skalierbarkeit

Zahlungssysteme, die im begrenzten Nutzerkreis hervorragend funktionieren, können ab einer gewissen „Teilnehmerzahl" an technische Grenzen stoßen, so daß sie nicht beliebig einsetzbar sind. Ein Internet-Zahlungssystem sollte daher so konzipiert sein, daß es skaliert, d.h. problemlos erweitert werden kann, um beliebig viele Teilnehmer zu bedienen.

4.2.3 Mikrozahlungen

Es wird erwartet, daß elektronische Zahlungen gerade im Bereich sehr kleiner Beträge von weniger als DM 5 (*micropayments*) große Bedeutung erlangen. Nicht jedes Zahlungssystem kann so kleine Beträge wirtschaftlich abrechnen, da zum Teil zu hohe Fixkosten entstehen.

4.2.4 Bedienbarkeit

Ein Zahlungssystem muß für den Benutzer verständlich und transparent sein. Die Bedienung muß einfach und die Einleitung eines Zahlungsvorgangs offensichtlich sein.

Tabelle 4.1: Systemeigenschaften elektronischer Zahlungssysteme

Eigenschaft	Betrachtung der Zahlungssysteme im folgenden Kap. bzgl. der Eigenschaft
Sicherheit	Wie wird die notwendige Sicherheit erreicht? Welche Verschlüsselungsverfahren werden verwendet?
Skalierbarkeit	Ist das System skalierbar? Wo sind Grenzen? Für welche Nutzerzahl ist es geeignet?
Mikrozahlungen	Können Zahlungen im Niedrigpreisbereich wirtschaftlich getätigt werden?
Bedienbarkeit	Ist das System leicht bedienbar? Ist dem Benutzer klar, wann er einen Zahlungsvorgang startet?
Kleinhändler	Können Privatpersonen Zahlungen akzeptieren oder kann dies nur ein Händler?
Anonymität	Ist das Zahlungssystem anonym? Können (durch Bank oder Vermittler) Kundenprofile erstellt werden?

4.2.5 Kleinhändler

Die meisten Zahlungssysteme sind für den Einkauf bei einem Händler entwickelt worden. Ein elektronisches Zahlungsmittel sollte aber idealerweise auch von Privatpersonen akzeptiert werden können (*micromerchant*).

4.2.6 Anonymität

Die anonyme Abwicklung von elektronischen Zahlungen ist in manchen Situationen wünschenswert. Ein Händler hat immer die (technische) Möglichkeit, ein Kundenprofil zu erstellen, aber es sollte sichergestellt sein, daß keine Partei ein übergreifendes Benutzerprofil anlegen kann (z.B. die Bank oder ein Vermittler).

In Tabelle 4.1 wird erklärt, wie die Systeme im folgenden Kapitel bezüglich dieser Eigenschaften betrachtet werden sollen.

4.3 Kreditkartenzahlung

Eine einfache Möglichkeit, um Zahlungen im Internet zu tätigen, ist die Übertragung der Kreditkarteninformationen des Kunden. Der Händler kann dann über sein normales Vertragsverhältnis zu dem entsprechenden Karteninstitut abrechnen. Durch die weltweite Verbreitung der Kreditkarten werden somit auch internationale Zahlungen ohne Probleme möglich. Bei Brief- bzw. Telefonbestellungen (*Mail Order/Telephone Order*) wird diese Vorgehensweise bereits praktiziert.

Für die Übertragung von vertraulichen Daten, wie z.B. Kreditkarteninformationen, wurden sichere Übertragungsprotokolle entwickelt. Aufgrund von Exportbestimmungen dürfen solche allgemein verwendbaren Kryptoprodukte aber nicht beliebig sicher sein, so daß verschlüsselte Nachrichten von staatlichen Stellen mit begrenztem Aufwand dechiffriert werden können.

Nur wenn garantiert wird, daß ein System ausschließlich zur Verschlüsselung von Finanztransaktionen eingesetzt werden kann, darf z.B. aus den USA extrem starke Kryptotechnik exportiert werden. VISA und MasterCard entwickeln einen sicheren Zahlungsstandard (*Secure Electronic Transaction*) speziell für Kreditkartenzahlung über unsichere Netzwerke, der diese Bedingungen erfüllen soll. Der Standard legt nicht nur die Bezahlung fest, sondern den gesamten Kaufvorgang inklusive Bestellung und Quittung.

Während Protokolle und Standards nur eine Grundlage für Kreditkartenzahlung schaffen, gibt es auch komplette Zahlungskonzepte mit fertiger Software für Banken, Händler und Kunden, wie dies z.B. von CyberCash angeboten wird. CyberCash wurde bereits zum Export aus den USA freigegeben. Es ermöglicht die Bezahlung sowohl mit Kreditkarte als auch mit digitalem Bargeld und digitalen Schecks.

Die hier vorgestellten Verfahren nutzen die vorhandene Infrastruktur der Kreditkarteninstitute. Die Abrechnung zwischen den Kartenunternehmen und den Banken erfolgt unverändert und für den Kunden entstehen keine direkten Mehrkosten. Bei der Zahlung per Kreditkarte bezahlt der Kunde nur die jährliche Kreditkartengebühr und die Kosten für seinen Internet-Anschluß. Die Kundensoftware der Systeme ist meist kostenlos erhältlich. Der Händler muß eine Umsatzprovision von etwa 3,5% - 4% an die Kreditkartenunternehmen bezahlen und abgesehen von neuer Software (die z.T. auch für den Händler kostenlos angeboten wird) keine Investitionen tätigen. Kreditkartenunternehmen verlangen zwar keine Mindestgebühren pro Transaktion, aber dennoch entstehen dem Händler durch Buchung, Verwaltung und Kommunikation Fixkosten, welche einen Mindestbetrag für Kreditkartenzahlungen sinnvoll machen. Kreditkartenzahlungen eignen sich daher nicht für kleine Beträge. Das ist ein bedeutender Nachteil der Kreditkartenzahlung im Internet.

4.3.1 Sichere Übertragungsprotokolle

Während den Anfängen des *World Wide Web* wurde zur Bezahlung von Leistungen die unverschlüsselte Übertragung der Kreditkateninformationen angeboten. Sehr schnell wurde jedoch das Risiko erkannt, daß durch automatisiertes Abhören von Datenströmen gezielt Kreditkarteninformationen abrufbar sind. Daraufhin wurden Protokolle entwickelt, die eine gesicherte Datenübertragung zwischen dem Kunden und dem Händler ermöglichen sollten.

Netscape Communications integrierte das SSL-Protokoll (*Secure Socket Layer*) in seine Produkte und Terisa Systems entwickelte S-HTTP (*Secure HyperText Transfer Protocol*), ein sicheres Übertragungsprotokoll für das *World Wide Web*.

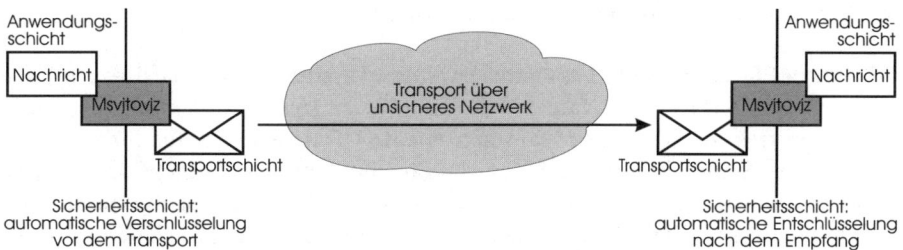

Abbildung 4.3: SSL und S-HTTP arbeiten beide als „Zwischenschicht" über der Transportschicht und verschlüsseln alle Daten, die übertragen werden sollen, automatisch.

Beide Protokolle schaffen einen gesicherten Übertragungskanal, der jede beliebige Information transportieren kann. Sie wirken beide als eine Art unsichtbares Zwischenprotokoll, das zwischen einem reinen Transportprotokoll (z.B. dem Internetprotokoll TCP/IP) und einer Applikation liegt.

Wie in Abbildung 4.3 veranschaulicht wird, werden Daten, die einer Anwendung an das Transportprotokoll übergeben werden, zuvor für den bevorstehenden Transport über das unsichere Netzwerk verschlüsselt. Auf der Empfangsseite werden die angekommenen Daten wieder entschlüsselt, bevor sie an die Anwendung weitergegeben werden.

4.3.1.1 *Secure Socket Layer*

Secure Socket Layer (SSL) ist ein offenes System zur verschlüsselten Kommunikation zwischen Kunde und Händler. Es wurde anfangs hauptsächlich in Netscape-Produkten, also dem WWW-Browser „Netscape Navigator" und dem WWW-Server „Commerce Server" implementiert. Inzwischen bieten aber auch andere Hersteller wie z.B. Oracle SSL-fähige Webserver an. SSL-Verbindungen sind nur dann möglich, wenn beide Seiten (also WWW-Browser und -Server) SSL unterstützen.

Neben einer sicheren Nachrichtenübertragung durch symmetrische Schlüssel sorgt SSL außerdem für eine authentische Nachrichtenübertragung, d.h. es wird sichergestellt, daß die Daten unverändert übertragen werden. Des weiteren wird eine Authentifizierung des WWW-Servers (Händler) durchgeführt. Diese Authentifizierung erfolgt über eine digitale ID („digitaler Personalausweis"), die bei einer Zertifizierungsstelle beantragt und bezahlt werden muß. Eine Authentifizierung des WWW-Browsers (Kunde) kann durchgeführt werden, falls dieser ebenfalls eine digitale ID besitzt [IN-3].

Die meisten elektronischen Marktplätze im Internet wickeln Zahlungen ausschließlich über Kreditkartenzahlung ab. Dabei wird ein Bestellformular mit den Kreditkarteninformationen ausgefüllt und über eine sichere SSL-Verbindung an den Anbieter geschickt.

4.3.1.2   Secure Hypertext Transfer Protocol

Die Firma EIT entwickelte 1994 eine erweiterte Version des Standard *World Wide Web* Protokolls HTTP mit Namen S-HTTP (*Secure Hypertext Transfer Protocol*). Im selben Jahr gründete sie zusammen mit RSA Data Security die Firma Terisa Systems. Im September 1995 stießen die Firmen America Online, CompuServe, IBM/Prodigy und Netscape Communications dazu. Terisa Systems beschäftigt sich mit der Entwicklung und Vermarktung von Technologien zur sicheren Datenübertragung im Internet. Im Vordergrund stehen hierbei S-HTTP und Netscapes SSL. Zu diesen Technologien werden auch Software-Entwicklungswerkzeuge angeboten.

    Während SSL als Zwischenschicht unter HTTP (und anderen Protokollen) fungiert, ist S-HTTP eine erweiterte Version von HTTP, dem Standardprotokoll des *World Wide Web* und damit zu diesem kompatibel. S-HTTP unterstützt wie SSL Mechanismen für Verschlüsselung, Authentifizierung, Signatur und Nachrichtenintegrität. Außerdem ist es möglich, Signaturen an Nachrichten anzuhängen, die

Tabelle 4.2: Systemeigenschaften von Kreditkartenzahlungen über SSL und S-HTTP

Eigenschaft	Beschreibung
Sicherheit	SSL verwendet symmetrische Schlüssel zur Nachrichtenübertragung und das asymmetrische RSA-Verfahren zur Authentifizierung. Aufgrund der US-Exportbeschränkungen ist die Exportversion des Netscape-Browsers nur mit einem relativ schwachen Schlüssel von nur 48 Bit Länge ausgestattet. Über S-HTTP kann keine generelle Aussage getroffen werden, da S-HTTP kein spezielles Verschlüsselungsverfahren vorschreibt.
Skalierbarkeit	Die Zahlung per Kreditkarte über SSL bzw. S-HTTP ist kein eigenes Zahlungssystem, sondern nur eine Ergänzung des bestehenden Kreditkartensystems.
Mikrozahlungen	Kreditkartenzahlungen eignen sich grundsätzlich nicht für sehr kleine Beträge.
Bedienbarkeit	Die Bedienbarkeit ist abhängig von der jeweiligen Einbindung in die Webseiten des Händlers. Durch die explizite Eingabe der Karteninformationen in die Formularfelder ist sich der Kunde in jedem Fall seiner Zahlung bewußt.
Kleinhändler	Voraussetzung für die Akzeptanz von Kreditkarten ist ein bestehender Vertrag zwischen Händler und Karteninstitut – Privatpersonen können daher keine Kreditkartenzahlung akzeptieren.
Anonymität	Kreditkartenzahlung ist nicht anonym.

nicht zurückgewiesen werden können. Dadurch können z.B. Verträge kontrolliert abgeschlossen werden.

Das Protokoll schreibt zur Verschlüsselung keinen bestimmten kryptographischen Standard vor. Es sind zwar in den Entwicklungswerkzeugen von Terisa Systems verschiedene Verfahren implementiert (z.B. RSA und PEM, *Private Enhanced Mail*), die aber von den Entwicklern durch weitere ergänzt werden können. Das Protokoll sieht vor, daß sich die kommunizierenden Rechner auf ein Verschlüsselungsverfahren einigen [IN-4], [IN-9].

4.3.2 Secure Electronic Transaction

Secure Electronic Transaction (SET) ist ein offener Standard für eine sichere Kreditkartenzahlung über unsichere Netzwerke, der von VISA und MasterCard entwickelt wurde. Ursprünglich traten beide Organisationen mit jeweils eigenen Standards an die Öffentlichkeit (im September 1995). MasterCard präsentierte in Zusammenarbeit mit IBM das Protokoll SEPP (*Secure Electronic Payment Protocol*) während VISA und Microsoft die Entwicklung von STT (*Secure Transaction Technology*) vorstellten. Anfang 1996 einigten sich beide Seiten auf einen gemeinsamen offenen Standard, den u.a. auch American Express unterstützen wird.

Zielsetzung von SET ist die Schaffung einer größeren Akzeptanz für Kreditkarten im Internet. Der Standard garantiert durch die Verwendung von Kryptologie die Vertraulichkeit von Informationen (Nachrichtenverschlüsselung), die Integrität von Zahlungen (digitale Unterschrift) sowie die Identität von Händler und Kartenhalter (digitale Unterschrift mit Zertifikat). Er soll größtmögliche Kompatibilität aller SET-Systeme auf allen Plattformen gewährleisten [IN-14], [IN-5], [IN-15].

Im Unterschied zu den oben vorgestellten Übertragungsprotokollen erfaßt SET die sichere Abwicklung von kompletten Kaufvorgängen von der Bestellung bis zur Quittung. Ebenso werden Anmeldeprozeduren für das Ausstellen von Zertifikaten sowie die Struktur von Zertifizierungsstellen festgelegt.

SET ist allerdings eine Richtlinie und kein benutzbares Zahlungssystem. Erst nach einer Überarbeitung der SET-Spezifikationen nach den Feldversuchen Ende 1996 kann eine endgültigen Version von SET und damit auch eine auf SET-beruhende Zahlungssoftware erwartet werden (von VISA und Mastercard selbst oder anderen wie z.B. Hewlett Packart/Verifone oder CyberCash). SET-Software für Kunden, Händler und Banken sollen von Visa und Mastercard zertifiziert werden, um Kompatibilität zu gewährleisten.

4.3.2.1 *Verschlüsselung und Signaturen*

SET verwendet eine Kombination von DES- und RSA-Verschlüsselung sowie digitale Unterschriften für die sichere und authentische Übertragung von Nachrichten. Nachrichten werden mit einem zufällig generierten 56-Bit-DES-Schlüssel symmetrisch verschlüsselt. Der DES-Schlüssel wird mit dem öffentlichen RSA-Schlüssel des Empfängers kodiert und der DES-Nachricht beigelegt (als sog. Umschlag), so daß nur dieser den DES-Schlüssel für die eigentliche Nachricht berechnen kann. Durch die Beschränkung auf 56 Bit und eine begrenzte Nachrichtenlänge ist SET für den Export aus den USA freigegeben.

Wenn die Nachricht allerdings Kontoinformationen enthält, werden diese aus der Nachricht entfernt und nicht per DES verschlüsselt. Statt dessen werden solche Angaben zusammen mit dem DES-Schlüssel durch das RSA-Verfahren chiffriert, und der Nachricht in dem Umschlag beigefügt. Das RSA-Verfahren ist mit 1024 bit Schlüssellänge sehr viel sicherer. Da garantiert wird, daß nur Kontoinformationen so verschlüsselt werden können, wurde die Exportgenehmigung trotz starker Kryptologie erteilt.

Vor dem Versenden werden SET-Nachrichten vom Absender unterschrieben. Dazu wird ein Fingerabdruck der Nachricht (*message digest*) erstellt und mit dem privaten RSA-Schlüssel des Absenders verschlüsselt und der Nachricht beigefügt. Für diese Chiffrierung der Unterschrift sieht SET ein eigenes, zweites RSA-Schlüsselpaar vor.

4.3.2.2 *Zertifikate*

Das RSA-Verfahren setzt die Kenntnis des öffentlichen Schlüssels des Kommunikationspartners voraus. Bei SET werden die benötigten öffentlichen Schlüssel in Form von Zertifikaten an jede unterschriebene Nachricht angehängt. Nach jeder empfangenen Nachricht werden zuerst diese Zertifikate überprüft. Ein Zertifikat enthält die Daten und die Signatur der ausstellenden Zertifizierungsstelle die auf Anfrage wiederum ein Zertifikat einer übergeordneten Zertifizierungsstelle aufweisen kann.

Am Ende der Hierarchie sieht die SET-Spezifikation eine Instanz vor, die über eine sogenannte *Root Signature* verfügt. Der öffentliche Schlüssel zu dieser Signatur ist jeder SET-Software bekannt, so daß sie in jedem Fall die Authentizität einer Signatur verifizieren kann. Für den Fall, daß der *Root Key* ausgetauscht werden muß, ist außerdem noch ein *Replacement Key* bekannt.

VISA plant, VeriSign als oberste Zertifizierungsstelle zu benennen und MasterCard wird voraussichtlich GTE diese Aufgabe übertragen. Für Kartenhalter werden eigene Unternehmen, Banken oder Service Provider als Zertifizierungsstellen eingesetzt.

Das Zertifikat eines Kunden fungiert damit als Nachweis der Authentizität eines Kartenhalters. Es kommt dem elektronischen Präsentieren der Plastikkarte gleich, enthält allerdings keine Kontoinformationen. Um eine rasche Umsetzung von SET-Anwendungen zu ermöglichen, sind Zertifikate für den Kunden allerdings nur optional, d.h. SET läßt es der jeweiligen Kreditkartenorganisation frei, ob sie Kundenzertifikate voraussetzt oder nicht. Statt der Zertifikate würde ansonsten lediglich ein Fingerabdruck an Stelle einer Signatur verwendet werden.

Die Authentizität des Kartenhalters muß in diesem Fall auf anderem Wege sicher-gestellt werden.

Das Zertifikat des Händlers und der anderen beteiligten Instanzen weist die Inhaber als legitime Vertragspartner der Kartenorganisation aus, ist also z.B. mit dem Aufkleber „Wir akzeptieren MasterCard" zu vergleichen. Ein Händler braucht für jede Kreditkartenmarke, die er akzeptiert, zwei Zertifikate (zwei RSA-Schlüs-selpaare für Verschlüsselung bzw. Signatur).

4.3.2.3   Dual Signature

Bei Zahlungen nach SET werden mit der Bestellung auch verschlüsselte Kredit-karteninformationen an den Händler übertragen, die dieser nicht lesen kann und ungeprüft an seine Bank weiterleitet. Um dem Händler trotz der unsichtbaren Zahlungsanweisung Sicherheit zu geben und den Kunden vor Mißbrauch zu schützen, verwendet SET hier eine besondere Art der Signatur, die *Dual Signature*, mit der zwei Nachrichten durch eine gemeinsame Unterschrift einander eindeutig zugeordnet werden können (vgl. Kapitel 2.3.3). Damit wird erreicht, daß Bestel-lung und Zahlungsanweisung fest miteinander verknüpft sind, ohne daß der Händler Einsicht in die Zahlungsanweisung bzw. die Bank in die Bestellung erhal-ten müssen. Im folgenden Abschnitt wird u.a. auch die Verwendung der *Dual Signature* genauer erklärt.

4.3.2.4   Ablauf einer SET-Transaktion

Um die Funktionsweise von SET zu veranschaulichen, erklärt der folgende Absatz die Abläufe bei einer Transaktion. SET definiert eine ganze Reihe von Nachrich-

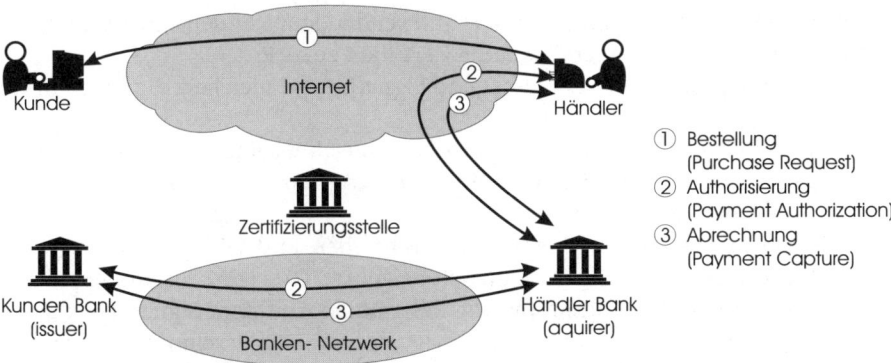

Abbildung 4.4: Secure Electronic Transaction (SET) legt die Verfahren für alle notwendigen Phasen eines Kaufvorgangs fest. Hier werden nur die drei wichtigsten Phasen dargestellt. Grundlage für die sichere Kommunikation sind Zertifikate, die durch eine Zertifizierungsstelle ausgestellt werden.

tenblöcken, wie z.B. die Bestellung (*purchase request*), die Zahlungsauthorisierung (*payment authorization*) oder die Abrechnung des Händlers mit der Kundenbank (*payment capture*). Abbildung 4.4 zeigt die Kommunikationswege dieser
wichtigsten drei Phasen einer SET-Transaktion.

Der *Purchase Request* umfaßt die Bestellung des Kunden (incl. der verdeckten
Kreditkarteninformationen) und die Quittung des Händlers. Er läuft folgendermaßen ab:

- Der Kunde sendet eine Initialisierungsnachricht (*initiate request*), die der Händler
  mit einer unterschriebenen Nachricht (*initiate response*) beantwortet. Diese Antwort enthält das Signatur-Zertifikat des Händlers und das Verschlüsselungs-
  Zertifikat des Finanzinstitutes des Händlers (*payment gateway* oder *aquirer gateway*).
- Der Kunde prüft beide Zertifikate, indem er die Gültigkeit der ausstellenden
  Zertifizierungsstelle(n) nachprüft. Er entschlüsselt die Unterschrift mit Hilfe
  des Signatur-Zertifikats des Händlers und vergleicht das Ergebnis mit einem
  selbst erstellten *message digest*.
- Der Kunde fertigt nun eine Bestellung und eine Zahlungsanweisung an (zwei
  getrennte Nachrichten) und unterzeichnet sie mit einer *Dual Signature*. Die
  Zahlungsanweisung wird nun DES-verschlüsselt, wobei die Kreditkarteninformationen herausgelassen und mit dem DES-Schlüssel gemeinsam mit RSA
  verschlüsselt werden – es wird der öffentliche Schlüssel des *Payment Gateways*
  verwendet, so daß der Händler diese Information nicht lesen kann. Der RSA-
  verschlüsselte „Umschlag" wird der DES-Chiffre beigefügt. Die Bestellung und
  die verschlüsselte Zahlungsanweisung wird mit dem Signatur-Zertifikat des
  Kunden (optional) an den Händler geschickt.
- Der Händler prüft das Kundenzertifikat und die *Dual Signature* unter der
  Bestellung. Nun leitet er die Zahlungsanweisung weiter an das *Payment Gateway* (siehe *Payment Authorization*) und sendet dem Kunden eine unterschriebene Quittung mit seinem Signatur-Zertifikat zurück.
- Der Kunde prüft wieder Zertifikat und Signatur und speichert die Quittung ab.

Mit der *Payment Authorization* fragt der Händler bei seinem *Payment Gateway*
nach, ob die Zahlungsanweisung des Kunden akzeptiert wird.

- Die Anfrage wird vom Händler unterschrieben und DES-verschlüsselt. Der
  DES-Schlüssel wird RSA-verschlüsselt beigefügt. Dies wird zusammen mit der
  verschlüsselten Zahlungsanweisung des Kunden mit dem Signatur-Zertifikat
  des Kunden und dem Signatur- sowie dem Verschlüsselungszertifikat des
  Händlers an dessen *Payment Gateway* gesendet.
- Dort werden alle Zertifikate und Signaturen geprüft. Außerdem wird geprüft,
  ob die Zahlungsanweisung auch mit den Angaben des Händlers zusammen-
  paßt. Über das Bankennetzwerk wird die Kundenbank befragt. Die Antwort
  wird unterschrieben und DES-verschlüsselt (der DES-Schlüssel wird mit dem

RSA-Schlüssel des Händlers verschlüsselt und mit den Kontoinformationen des Händlers im Umschlag beigefügt). Ein *Capture Token* wird erstellt und DES-verschlüsselt. Der DES-Schlüssel wird mit den Kontoinformationen des Kunden durch den öffentlichen RSA-Schlüssel des *Payment Gateways* verschlüsselt – dies ist ein Token und nur vom *Payment Gateway* lesbar. Der Händler benötigt es später für die Abrechnung (siehe *Capture Processing*).

- Der Händler prüft alle erhaltenen Zertifikate und Signaturen, speichert die Antwort und das *Capture Token* für spätere Verwendungen. Nun erfüllt er den Auftrag des Kunden, indem er seine Ware liefert oder seine Dienstleistung erbringt.

Durch *Payment Gateways* rechnet der Händler mit seiner Bank zu einem späteren Zeitpunkt mit Hilfe des *Capture Token* ab. Er kann dabei eine oder mehrere Zahlungen abwickeln.

- Der Händler sendet eine unterschriebene Anfrage (*capture request*) an das *Payment Gateway*. Diese Nachricht mit dem zu zahlenden Betrag, einem *Transaction Identifier* und weiteren Informationen wird mit DES verschlüsselt und der DES-Schlüssel in einem an das *Payment Gateway* „adressierten" RSA-Umschlag beigefügt. Außerdem werden das *Capture Token* und beide Zertifikate des Händlers beigefügt.
- Das *Payment* Gateway prüft die Zertifikate und Signaturen und wertet *Capture Token* und *Capture Request* aus. Über das Bankennetzwerk wird ein *Clearing Request* an die Kundenbank (*issuer*) geleitet. Die unterschriebene Antwort (*capture response*) an den Händler wird mit Signatur-Zertifikat versehen und per DES verschlüsselt. Der DES-Schlüssel liegt in einem RSA-Umschlag an den Händler bei.
- Der Händler prüft die Zertifikate und Signaturen und sichert die *Capture Response*.

Neben diesen drei Phasen definiert SET weitere Nachrichtentypen, auf die aber nicht detailliert eingegangen wird: Certificate Query, Purchase Inquiry, Purchase Notification, Sale Transaction, Authorization Reversal, Capture Reversal, Credit, und Credit Reversal [set96], [setml].

Tabelle 4.3: Systemeigenschaften von Kreditkartenzahlung über SET

Eigenschaft	Beschreibung
Sicherheit	Nachrichten werden bei SET mit 56 Bit langen DES-Schlüsseln gesichert. Der DES-Schlüssel wird dieser Nachricht gemeinsam mit kritischen Kontoinformationen 1.024-Bit-RSA-verschlüsselt beigefügt. Unterschriften werden durch ein zweites RSA-Schlüsselpaar erstellt (Ein SHA-1-Message-Digest der Nachricht wird verschlüsselt). Authentifizierung der Teilnehmer wird durch Zertifikate für beide RSA-Schlüsselpaare garantiert.
Skalierbarkeit	SET wurde für den weltweiten Einsatz entwickelt und basiert auf bewährter Kreditkartenzahlung
Mikrozahlungen	ungeeignet (siehe SSL/S-HTTP)
Bedienbarkeit	abhängig von Implementierung (siehe SSL/S-HTTP)
Kleinhändler	nicht möglich (siehe SSL/S-HTTP)
Anonymität	nicht gewährleistet (siehe SSL/S-HTTP)

4.3.3 CyberCash

Die Firma CyberCash entwickelt seit 1994 komplette Zahlungsdienste für das Internet. Insbesondere das System zur gesicherten Übertragung von Kreditkarteninformationen (*Secure Internet Payment Service*) wird erfolgreich vermarktet. Daneben werden auch Lösungen für Zahlungen per elektronischem Scheck (*electronic checks*) sowie per elektronischem Bargeld (*CyberCoin*) angeboten, die Mikrozahlungen erlauben werden.

Das CyberCash-System beruht auf einer kostenlosen Software für den Kunden, die wie eine Geldbörse (*wallet*) funktioniert. Sie enthält verschiedene Zahlungsobjekte, wie z.B. veschiedenen Kreditkarten, Schecks oder Bargeld aus denen der Kunde beim Kauf eines auswählen kann. Weiterhin verteilt CyberCash spezielle Software an die Händler (*Secure Merchant Payment System*). Ein Gateway-Server stellt die notwendige Verbindung zu Finanz-Netzwerken her.

Hat sich der Kunde zum Kauf eines Produktes per Kreditkarte entschlossen, löst er mit einer, in die WWW-Seiten des Händlers integrierten *Pay*-Taste den Zahlungsvorgang aus. Die CyberCash-Software des Händlers sendet daraufhin sämtliche Daten des Kaufes an die CyberCash-Kundensoftware. Die Kundensoftware startet selbständig und öffnet die CyberCash-Geldbörse, aus welcher der Kunde nun eine seiner Kreditkarten auswählt und die Zahlung bestätigt. Der Kunde gibt bei der Installation der *Wallet* seine Kreditkarteninformationen ein, die daraufhin verschlüsselt abgelegt werden und bei weiteren Transaktionen abrufbar sind. Die

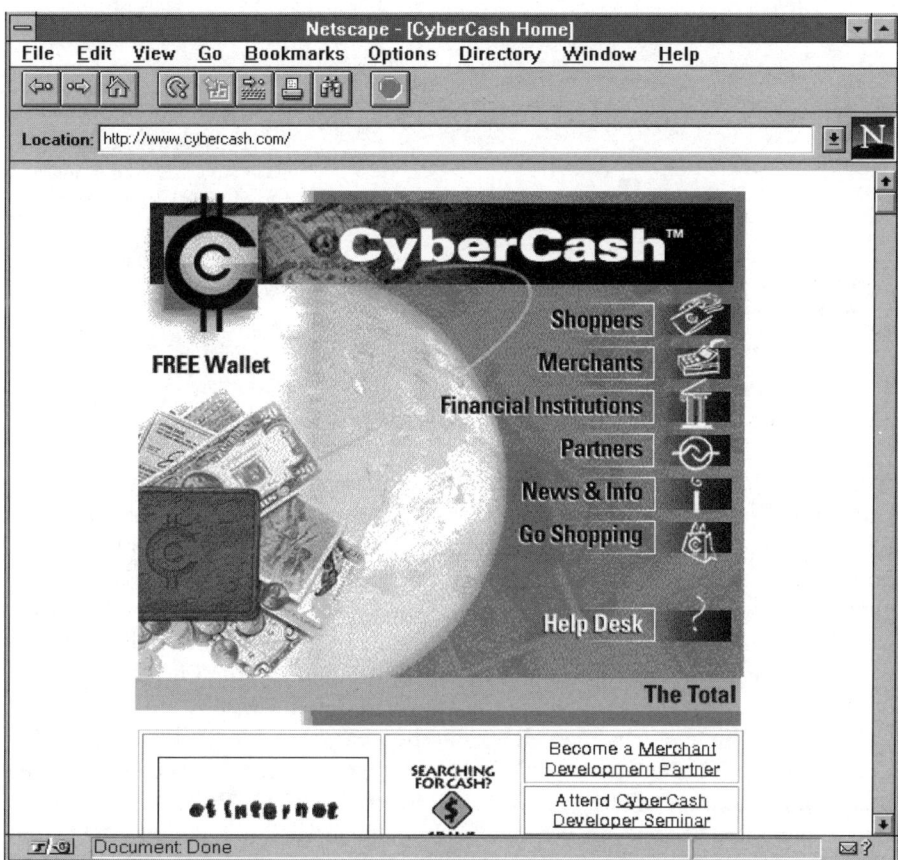

Abbildung 4.5: CyberCashs Homepage im World Wide Web

Kreditkarteninformationen werden mit dem RSA-Verfahren (bald 1.024 Bit Schlüssellänge) verschlüsselt und an den Händler gesendet.

Der Händler fügt seine Identitätsinformation hinzu, ohne die Daten des Kunden einsehen zu können. Er reicht die Informationen an den *CyberCash Gateway Server* weiter und wartet auf die Zahlungsauthorisierung. Der Händler stellt dem Kunden nach deren Empfang eine Quittung aus und liefert anschließend die Ware oder erbringt seine Dienstleistung. Sämtliche Schritte werden dabei automatisch ausgeführt, so daß der Vorgang maximal 20 Sekunden dauert.

Die Händlersoftware ist dabei nicht auf Internetzahlungen begrenzt, sondern übernimmt auch Abrechnungen von Bestellungen per Fax, Brief, Telefon oder Email, also alle Zahlungen, bei denen keine Kreditkarte vorgezeigt wird. Sie kann zudem flexibel in die WWW-Seiten des Händlers integriert werden.

Das Konzept von CyberCash sieht eine zwischengeschaltete Instanz vor (*Cyber-Cash Gateway Server*), die zwischen Händler und Banken vermittelt sowie eine

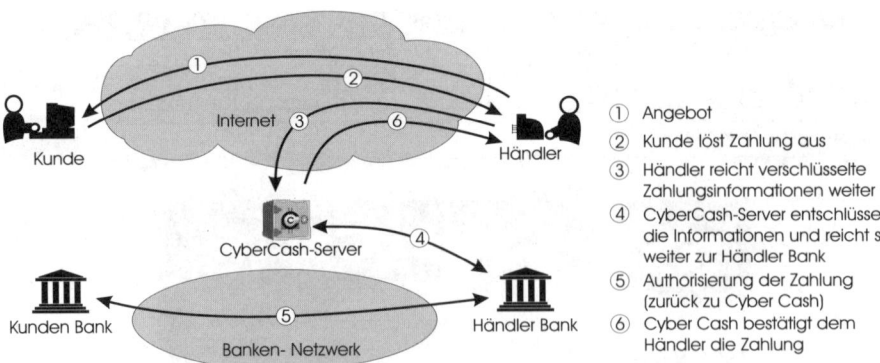

Abbildung 4.6: CyberCashs „Credit Card Service"

sichere Verbindung zwischen Händler und Kunden ermöglicht, indem sie Zertifikate ausstellt und bei jeder Transaktion die Authentizität der Teilnehmer prüft. Erst hier werden die Kreditkarteninformationen des Kunden entschlüsselt und über Finanz-Netzwerke weitergeleitet, womit Mißbrauch durch den Händler ausgeschlossen wird. Die Aufgabe dieses Gateway Servers wird von CyberCash selbst wahrgenommen, soll aber zukünftig auch auf Lizenzbasis an Banken vergeben werden. CyberCash verlangt für seine Dienste von den Banken und Kreditkarteninstituten eine prozentuale Beteiligung am vermittelten Umsatz.

CyberCash bietet auch einen elektronischen Bargeldzahlungsdienst an (*Cyber-Coin*), der für die Begleichung kleinerer Beträge geeignet ist. Dabei führt eine Bank ein Konto über die Beträge in der Kunden-Geldbörse. Es handelt sich dabei also weniger um Bargeld, als vielmehr um Buchgeld, da Einkäufe nur eine Umbuchung bei der Bank auslösen. Für die Sicherheit sorgt allein die sorgfältige Authentifizierung von Kunde und Händler die durch 56-bit-DES- und 768- bzw. 1.024-bit-RSA -Verschlüsselung erreicht wird.

Zukünftig können auch elektronische Schecks (*electronic checks*) verwendet werden, die auch *Peer-to-Peer*-Bezahlungen, also Transaktionen zwischen Privatpersonen, ermöglichen werden.

CyberCash ist in zahlreichen Gremien und Ausschüssen vertreten und pflegt intensive Kontakte zu starken Partnern. Daß W. Melton, einer der Firmengründer, bereits VeriFone (großer Anbieter einer Kreditkartenverifikationstechnik über das Telefonnetz) gegründet hat und zudem Vorstandsmitglied von AOL ist, ist dabei mit Sicherheit ein großer Vorteil für CyberCash. CyberCash hat bereits Abkommen mit zahlreichen Banken geschlossen, darunter Wells Fargo, First USA und American Express Bank. Die CyberCash-Software wird übrigens auch von CompuServe und CheckFree unter eigenem Namen angeboten [CW97].

Insgesamt bietet CyberCash ein übersichtliches Zahlungssystem mit einem universellen Ansatz, der lästige Mehrfachlösungen für verschiedene Zahlungsarten überflüssig macht. CyberCash bietet Kunden, Händlern und Banken jeweils zugeschnittene Systembeschreibungen und Startanleitungen an, so daß die Verwendung des

Tabelle 4.4: Systemeigenschaften von CyberCash

Eigenschaft	Beschreibung
Sicherheit	CyberCash hat als erster auf dem Markt eine starke RSA-Verschlüsselung angeboten und aus den USA exportieren dürfen. Die Schlüssellänge wird bald von 786 Bit auf 1.024 Bit erhöht und dient der Verschlüsselung eines 56-Bit-DES-Schlüssels, mit dem die eigentlichen Nachrichten chiffriert werden.
Skalierbarkeit	CyberCash beruht auf Kreditkartenzahlungen und ist prinzipiell weltweit einsetzbar. Allerdings wird derzeit nur ein Gateway Server betrieben, der aber von Banken lizenziert werden kann.
Mikrozahlungen	CyberCash bietet mit *CyberCoin* eine Möglichkeit zur Begleichung kleiner Beträge.
Bedienbarkeit	CyberCash ist einfach und intuitiv zu bedienen und bietet ausführliche Anleitungen für Einsteiger.
Kleinhändler	CyberCashs angekündigte Scheckzahlung soll auch Privatpersonen ermöglichen, Zahlungen anzunehmen.
Anonymität	Anonymität wird nicht gewährleistet, da alle Informationen über den Kunden beim Gateway Server oder bei der Bank vorliegen.

Produktes so einfach wie möglich gemacht wird. Die Lösung ist allerdings auf amerikanische Verhältnisse zugeschnitten (insb. *CyberCoin*), wurde aber trotz starker Kryptologie bereits zum Export aus den USA freigegeben und soll langfristig auch in Europa einsetzbar ein. Zukünftig wird auch SET, der neue Standard von Visa und MasterCard, voll unterstützt [IN-7].

4.4 Zahlung über Kundenkonten

Bei Zahlungen über Kundenkonten tritt eine dritte Partei auf (Systembetreiber), die ein Konto des Kunden führt und Bestellungen bzw. Zahlungen mit dem Händler abwickelt. Der Systembetreiber hat damit ein festes Vertragsverhältnis zu Kunden und Händlern.

Auf Kundenkonten basierende Zahlungssysteme erlauben eine größere Funktionalität als andere Zahlungssysteme. Ein wesentlicher Vorteil ist die Möglichkeit, mehrere Transaktionen auf Seiten des Systembetreibers zu sammeln und regelmäßig mit dem Kunden abzurechnen. Damit fallen bei einer einzelnen Transaktion fast keine Kosten (Kommunikation, Prüfung, Buchung) mehr an, und es können auch sehr kleine Beträge wirtschaftlich abgerechnet werden (Mikrozahlungen).

Darüber hinaus haben Kunden die Möglichkeit, Zahlungen von anderen Kunden für bestimmte Waren oder Dienstleistungen zu akzeptieren (Kleinhändler). Damit könnte z.b. ein virtueller Flohmarkt realisiert werden, der keine besonderen Vorbedingungen an die Verkäufer stellt.

Kundenkonten werden z.b. von Online-Diensten mit proprietären Netzen, wie CompuServe oder AOL, geführt. Daneben gibt es zahlreiche ähnliche Systeme, die ihre Leistungen in virtuell geschlossenen Systemen im Internet anbieten (geschlossene elektronische Marktplätze). Zahlungssysteme über Kundenkonten werden aber auch ohne zugehörige Marktplätze angeboten – als „Marktplatz" fungiert hierbei das gesamte Internet. Solche Systeme setzen aber umfassendere Konzepte voraus, wie sie z.b. von *First Virtual* angeboten werden.

4.4.1 Online-Dienste

Online-Dienste, wie CompuServe oder America Online, bieten ihren Benutzern die Möglichkeit, Waren und Dienstleistungen von Händlern oder anderen Mitgliedern zu erwerben. Außerdem haben die Benutzer die Möglichkeit, selbst Software oder Informationen gegen Bezahlung anzubieten. Da zwischen dem Online-Dienst-Anbieter und dem Kunden bereits ein Vertragsverhältnis besteht, ist kein großer Mehraufwand für dieses Zahlungssystem notwendig.

Mitglieder in einer geschlossenen Benutzergruppe erhalten vom Systembetreiber ein Paßwort und über ein meist proprietäres Netzwerk Zugang zu den gewünschten Dienstleistungen. Der Betreiber kann sämtliche Vorgänge und Aktionen des Benutzers verfolgen und auswerten. Er rechnet sowohl mit dem Mitglied als auch mit dem Anbieter einer Dienstleistung über deren Bankverbindungen ab (siehe Abbildung 4.7).

CompuServe unterhält beispielsweise weltweit eine einzige Großrechenanlage in Columbus, Ohio. Über die kostenlos verteilte Terminal-Software *CIM (CompuServe Information Manager)* gelangen die Mitglieder über zahlreiche POPs (*Point of Presence*) oder auch Einwählpunkte in das CompuServe-Netzwerk, das sie mit

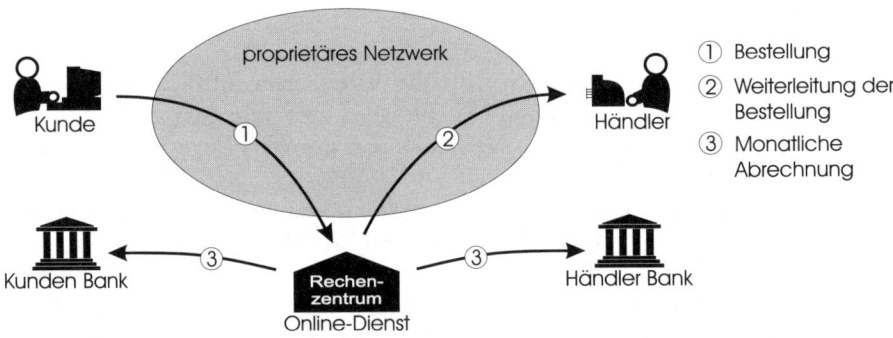

Abbildung 4.7: Prinzipieller Transaktionsfluß bei Online-Diensten

dieser Rechenanlage verbindet. Sämtliche Foren, Diskussionsgruppen und auch elektronische Post (Email) werden durch das zentrale Rechenzentrum verwaltet.

CompuServe-Rechnungen werden monatlich gemeinsam mit dem Mitgliedsbeitrag per Kreditkarte abgerechnet. In Deutschland kann diese Abrechnung auch direkt über ein Bankkonto erfolgen.

Insgesamt ist die große Sicherheit und auch Zweckmäßigkeit innerhalb solcher geschlossenen Systeme hervorzuheben. Selbst Kleinanbieter finden eine internationale Verkaufsplattform für ihre Dienste. Die sichere Bezahlung von Diensten und Waren ist hier bereits Realität.

Allerdings verlieren Kunden und Händler jegliche Anonymität vor dem Betreiber. Außerdem ist der Handel ausschließlich auf das System begrenzt. Damit können CompuServe-Anbieter nur CompuServe-Kunden erreichen und die Kunden sind beim Einkauf auf das Informations- und Diensteangebot innerhalb von CompuServe beschränkt.

Mit dem gewaltigen Wachstum des Internet werden diese, zuvor erträglichen, Einschränkungen zu einem gewichtigen Nachteil. Das spiegelt sich auch in dem Trend wieder, nun auch als Online-Dienst zusätzlich direkten Internetzugang anzubieten.

Ein Online-Dienst kann zwar sein Netzwerk dem Internet öffnen, aber er kann sein Bezahlungsschema nicht auf Kunden oder Anbieter aus dem Internet anwenden. Der Online-Dienst selbst wird also weiterhin getrennt vom Internet existieren oder aber zu einem Teil des Internet werden [IN-12].

Tabelle 4.5: Systemeigenschaften von Online-Diensten

Eigenschaft	Beschreibung
Sicherheit	Aufgrund der proprietären Netzstruktur und der Nachvollziehbarkeit der Transaktionen kann eine sehr hohe Sicherheit gewährleistet werden. Eine Schwachstelle ist häufig das Paßwort mit dem sich die Kunden authentifizieren.
Skalierbarkeit	Online-Dienste sind meist zentral organisiert so daß weltweite Präsenz mit erheblichem Aufwand verbunden ist.
Mikrozahlungen	Transaktionen über Online-Dienste erzeugen keine zusätzlichen Kosten und eignen sich daher auch für Mikrozahlungen
Bedienbarkeit	sehr gut
Kleinhändler	Innerhalb des Systems können sich auch Privatleute als Kleinhändler anmelden und Zahlungen von anderen Mitgliedern annehmen
Anonymität	Anonymität wird weder Anbietern noch Kunden gewährleistet.

4.4.2 Geschlossene elektronische Marktplätze

Als Analogon zu Online-Diensten lassen sich die virtuellen Zusammenschlüsse von Anbietern und Konsumenten in virtuellen geschlossenen Marktplätzen im Internet (*Marketplaces, Cybermalls, Electronic Malls etc.*) betrachten. Sie sind ebenso wie Online-Dienste zentral organisiert und bieten ihre Dienste einer geschlossenen Gruppe von Mitgliedern und Anbietern an.

Im Unterschied zu Online-Diensten können sich meist auch Nichtmitglieder in solchen Marktplätzen bewegen und von dem dortigen Angebot teilweise profitieren. Ein Besucher kann aber nur dann die vollen Möglichkeiten des Anbieters ausschöpfen, wenn er sich registrieren läßt. Andernfalls bleiben für ihn reservierte Bereiche unzugänglich und er kann z.B. nicht von dem angebotenen Zahlungsservice profitieren.

Im folgenden werden wir das Konzept von *Downtown Anywhere*, einem der ersten Marktplätze im Internet, exemplarisch betrachten. Daneben gibt es eine Vielzahl

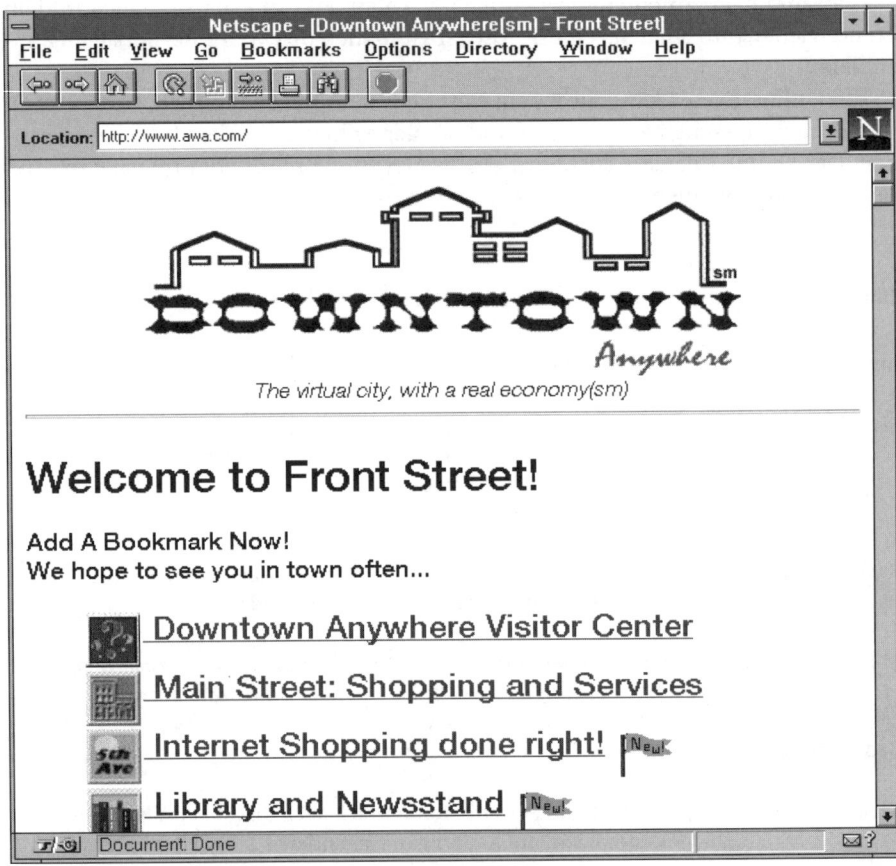

Abbildung 4.8: Downtown Anywheres Homepage im World Wide Web

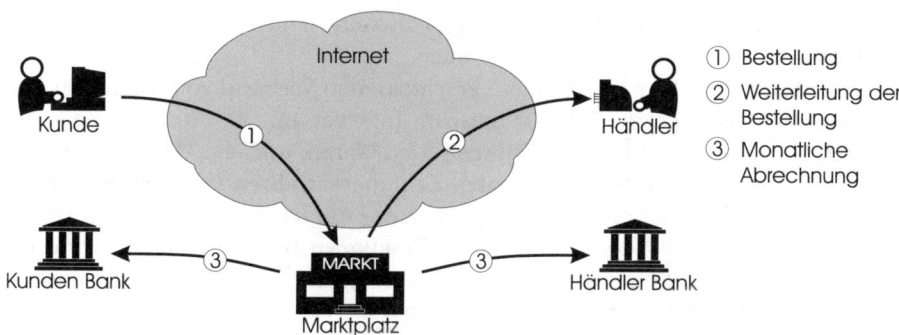

Abbildung 4.9: Bestellung und Abrechnung bei Marktplätzen im Internet

unterschiedlichster Varianten solcher virtuellen, geschlossenen Marktplätze, die hier nicht betrachtet werden können.

In Anlehnung an eine echte Stadt gibt es Einkaufsstraßen in denen alle Anbieter zu finden sind und auch öffentliche Gebäude, die das Interesse der „Bürger" wecken sollen. Das Angebot reicht vom Postamt (Email) über das Sportstadion (Sportnachrichten und Verweise auf relevante WWW-Seiten) bis hin zum Eigenheim (persön-

Tabelle 4.6: Systemeigenschaften von Downtown Anywhere

Eigenschaft	Beschreibung
Sicherheit	Das Zahlungssystem von Downtown Anywhere schließt direkten Mißbrauch übermittelter Kreditkarteninformationen aus. Diese Sicherheit wird aber durch zu übermittelnde Geheimnummern erreicht, die zumindest innerhalb des Marktplatzes mißbraucht werden könnten.
Skalierbarkeit	Zentral organisierte Marktplätze sind nicht beliebig skalierbar.
Mikrozahlungen	Transaktionen werden zunächst nur auf dem Kundenkonto ausgeführt und verursachen keinen großen Aufwand, so daß auch kleine Zahlungen wirtschaftlich vermittelt werden können.
Bedienbarkeit	Transaktionen werden auf einfache Art ausgelöst und abgerechnet. Allerdings stört, daß das System auf den Marktplatz beschränkt ist, so daß bei Bedarf eine Reihe weiterer Zahlungssysteme installiert und bedient werden muß.
Kleinhändler	möglich
Anonymität	Der Systembetreiber verfügt über alle wichtigen Daten der Transaktionen, so daß keine Anonymität besteht.

liche WWW-Seite). Downtown Anywhere ist also ein virtueller Marktplatz, auf dem sich Kunden und Anbieter begegnen können.

Downtown Anywhere bietet einem geschlossenen Verbund von Anbietern und Kunden eine gemeinsame Infrastruktur im Internet an. Die Kunden finden ein sortiertes Angebot von Dienstleistungen bzw. Waren, und die Händler sind gut erreichbar. Sie können neben normalen Zahlungsverfahren (z.B. SSL-Verschlüsselung der Kreditkarteninformationen) auch das Abrechnungssystem von *Downtown Anywhere* verwenden. Registrierte „*Downtown*-Bürger" können damit bei ihren Geschäften per Geheimnummer einkaufen, ohne kritische Kreditkarteninformationen direkt zu übermitteln. *Downtown Anywhere* rechnet die Summe solcher Einkäufe dann in regelmäßigen Zeitintervallen per Kreditkarte ab. Die Kreditkarteninformation wird zu Beginn der Mitgliedschaft einmalig telefonisch übertragen [IN-20].

Abbildung 4.10: First Virtual Holdings Homepage im World Wide Web

4.4.3 First Virtual

Eine ungewöhnliche Lösung für ein Zahlungssytem wird von First Virtual angeboten, denn dieses System kommt gänzlich ohne Verschlüsselung aus. Kunden
müssen sich bei First Virtual registrieren lassen und (per Telefon) ihre Kreditkarteninformationen hinterlegen. Ein Kaufvorgang wird nun ausschließlich über
Email abgewickelt.

Bei einem Vertragshändler von First Virtual können die Kunden eine Bestellung
aufgeben und sich mit einer Benutzer-PIN-Nummer (VirtualPIN) identifizieren.
Der Händler reicht entsprechende Transaktionsinformationen an First Virtual weiter. First Virtual kontaktiert den registrierten Benutzer ebenfalls per Email, um sich
die Transaktion bestätigen zu lassen. Abhängig von der Reaktion des Kunden wird
First Virtual entsprechende Schritte einleiten (siehe Tabelle 4.7). In regelmäßigen
Abständen werden alle gesammelten Transaktionen per Kreditkarte (oder Last-
schrift) verrechnet, und dem Händler wird der Betrag gutgeschrieben.

First Virtual ermöglicht auch sogenannten Kleinhändlern (*micromerchants*)
Kreditkartenzahlungen entgegenzunehmen, ohne daß diese ein Geschäft betrei-
ben und einen Vertrag mit einem Kreditkarteninstitut besitzen. Für eine Bearbeitungsgebühr von US$ 10 können Einkünfte auf das Konto des Kleinhändlers über-
wiesen werden. Um die gesetzliche Rückzahlungsfrist von 90 Tagen garantieren zu
können, zahlt First Virtual die Kleinhändler allerdings erst nach 91 Tagen aus.
Dieser Service ist allerdings nur für US-Konten verfügbar.

Im Gegensatz zu allen anderen Zahlungssystemen im Internet benötigt das First-
Virtual-System keinerlei Verschlüsselung oder sonstige Schutzmechanismen. Die

Tabelle 4.7: First Virtual fordert den Kunden auf, eine Transaktion per Email zu bestätigen und leitet abhängig von dessen Reaktion entsprechende Schritte ein

Reaktion des Kunden	Reaktion von First Virtual
Der Kunde antwortet auch auf mehrmaliges Anfragen nicht	First Virtual registriert die Anfrage als verweigerte Transaktion.
Der Kunde zeigt die Transaktion als Betrug an (*fraud*)	First Virtual löst das Konto auf und erlaubt dem Kunden ein neues zu eröffnen. Ein Betrüger verfügt nun nicht mehr über eine gültige Benutzer-PIN-Nummer.
Der Kunde verweigert die Anfrage (*deny*)	First Virtual prüft die bisherigen Transaktionsdaten des Kunden. Falls zu viele verweigerte Transaktionen gefunden werden, kann First Virtual das Konto sperren.
Der Kunde bestätigt die Anfrage (*confirm*)	First Virtual bucht die Transaktion auf das First Virtual-Kundenkonto und benachrichtigt den Händler, der nun seine Dienstleistung erbringen kann.

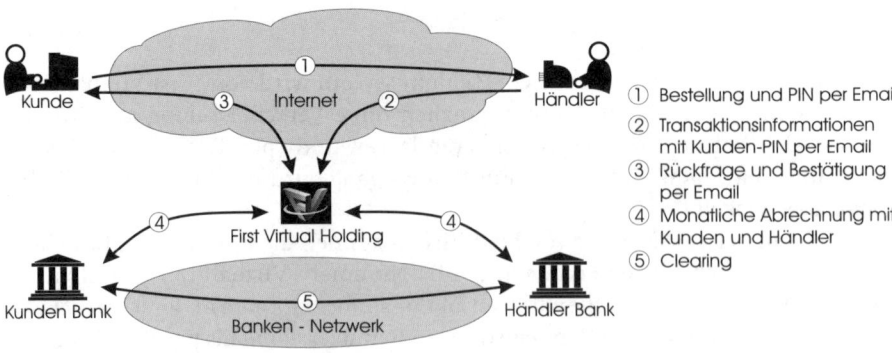

Abbildung 4.11: Bezahlungsschema von First Virtual

Tabelle 4.8: Systemeigenschaften von First Virtual

Eigenschaft	Beschreibung
Sicherheit	First Virtual basiert auf einfacher Nachrichtenübermittlung per Email, die keinerlei Schutz vor klassischen Angriffen bietet. Es gibt zwar die Möglichkeit, mit PGP[2] verschlüsselte Email zu verwenden, aber First Virtual wehrt Angriffe auf einer höheren Ebene ab: durch direkte Rückfrage beim Kunden. Außerdem wird die VirtualPIN regelmäßig (einmal im Monat) gewechselt. Ein erfolgreicher Angriff wäre allerdings denkbar, wenn es gelänge, Emails eines Kunden zu erzeugen und an ihn adressierte Emails abzufangen. Außerdem wird Betrug in gewissem Rahmen toleriert.
Skalierbarkeit	First Virtual verfolgt einen zentralen Ansatz und ist damit nicht beliebig skalierbar.
Mikrozahlungen	Aufgrund des hohen Aufwands des Zahlungssystems verlangt First Virtual relativ hohe Gebühren vom Händler. Für Mikrozahlungen ist dieses System daher ungeeignet.
Bedienbarkeit	Durch die notwendige Bestätigung der Emails ist das System etwas schwerfällig, aber bedienbar.
Kleinhändler	Jeder Teilnehmer kann Dienstleistungen gegen eine Bearbeitungs-gebühr auch über FirstVirtual privat verkaufen.
Anonymität	Die Identität des Käufers wird zur Erstellung eines Benutzerprofils verwendet, um eine direkte und spezifische Werbung per Email zu ermöglichen.

---

[2]Pretty Good Privacy

gesamte Sicherheit beruht auf der Bestätigung durch den Kunden. Zusätzlich nutzt First Virtual durch Verwendung der Kreditkartenzahlung für die Sammelabrechnung bereits außerhalb des Internet erprobte und bestehende Sicherheitsmechanismen. Derzeit werden in der Regel nur Informationen verkauft, da so im Betrugsfall oder bei Fehlern kein materieller Schaden verursacht wird, sondern nur ein Verlust von Einnahmen entstehen kann.

First Virtual sieht sich als Finanz- und Marketingdienstleister für sichere und einfache Bezahlung im Internet. Die komplette Datenbearbeitung, Dokumentation, Zahlungsabwicklung und Sicherheit wird von der Partnerfirma EDS (Electronic Data Systems) übernommen und First USA übernimmt die Aufgabe eines *Merchant Aquirers*, d.h. sie wickelt sämtliche Händlerabrechnungen ab.

First Virtual Holdings Inc. wurde im Oktober 1994 von Lee Stein, Nathaniel S. Borenstein (Entwickler des MIME-Formats), Marshall T. Rose (Entwickler des Protokolls SNMP) und Einar A. Stefferud gegründet. Im Juni 1996 wurden bereits 147.177 Kunden und 1.973 Händler in 144 Ländern gezählt [IN-21], [Ste95].

4.4.4 NetCheque

NetCheque ist ein Lösungsvorschlag von universitärer Seite, genauer gesagt von der *University of Southern California* (USC). Dort wurde am *Information Science Institute* ein Konzept für eine leistungsfähige Zahlungs-Infrastuktur erarbeitet und umgesetzt. Der Lösungsansatz beruht auf der Verschlüsselung nach „Kerberos" und bietet ein beliebig skalierbares Zahlungssystem.

NetCheque sieht eine Infrastruktur von Servern vor, welche die Versendung und Annahme von elektronischen Schecks ermöglicht. NetCheque-Benutzer unterhalten ein Konto auf einem *Accounting Server* ihrer Wahl. Das System arbeitet mit Zahlungsanweisungen, die das elektronische Abbild eines klassischen Schecks auf ein Konto darstellen. Ein solcher Scheck enthält Informationen über den Zahlungsbetrag, die Währung, das Verfallsdatum, die Kontonummer und den Empfänger. Erst durch eine elektronische Unterschrift des Kunden wird ein elektronischer Scheck gültig. Der Empfänger muß ihn ebenfalls digital unterschreiben, wenn er ihn bei seinem *Accounting Server* einreicht.

Die Authentifizierung des Kunden basiert auf dem am MIT (Massachusetts Institute of Technology) entwickelten Kerberos (vgl. Kap. 2.4.2). Kerberos ist eigentlich ein Authentifizierungsprotokoll, das einem Benutzer den sicheren Zugriff auf einen Rechner (Login) erlaubt und auch seinen maximal erlaubten Festplattenplatz überwacht (quota), also einen Kontostand über verbrauchte und verfügbare Bytes (anstatt einer Währung) führt. Kerberos erreicht gegenseitige Authentifizierung und einen sicheren symmetrischen Übertragungsschlüssel auf einen Schlag.

Die „elektronischen Unterschriften" werden bei NetCheque nicht auf die in Kapitel 2.3.2 vorgestellte Weise mit öffentlichen und privaten Schlüsseln realisiert, sondern durch sogenannte *Proxies* (Vollmachten). *Proxies* sind eine spezielle Form der Kerberos-*Tickets*, die aus zwei Teilen bestehen. Zum einen enthalten sie ein Zertifikat für den Empfänger, das alle wichtigen Zahlungsinformationen enthält und mit einem Sitzungsschlüssel verschlüsselt ist, der nur für eine einzige Transaktion gültig ist. Zum anderen enthält ein *Proxy* den Sitzungsschlüssel selbst, der einmal für den Empfänger und einmal für den Absender verschlüsselt ist. Dabei wird ein geheimer Schlüssel zwischen Alice und ihrem *Accounting Server* bzw. Bob und seinem *Accounting Server* verwendet, so daß das *Proxy* von beiden als authentisch erkannt wird. Bei diesem Verfahren sind daher nur symmetrische Schlüssel erforderlich.

Im Prinzip erteilt Alice damit Bob eine Vollmacht über den Zugriff auf ihr Konto, die auf einen maximalen Betrag begrenzt ist. Der Scheck wird *online* oder per Email an Bob geschickt, wo die Zahlungsinformationen ausgewertet werden. Wenn Bob den Scheck einreichen möchte, erteilt er seinem *Accounting Server* wiederum eine Vollmacht, den Scheck mit Alices Vollmacht an seiner Stelle bei ihrem *Accounting Server* einzulösen (*cascaded proxy*).

Nun wird eine sichere Verbindung zwischen den *Accounting Servern* von Alice und Bob aufgebaut und der Scheck eingereicht. Bob erhält zunächst die Mitteilung, daß seine Ansprüche registriert und reserviert worden sind („*cheque was accepted for collection*"). Die Auszahlung erfolgt zu einem späteren Zeitpunkt (*Clearing* zwischen den Servern), falls er keine sofortige Bearbeitung beantragt. Sollte ein Scheck allerdings ungedeckt sein, wird er Bob zurückgeschickt, der dann selbst entsprechende Schritte einleiten muß.

Prinzipiell handelt es sich hier also um Zahlungsautorisierungen und Buchungen unter Kundenkonten. Die Rolle der Betreiber der *Accounting Server* ist bei NetCheque nicht festgelegt, wird aber wohl den Banken zufallen. In einem weiteren Schritt wird diese Infrastruktur zu einem elektronischen Bargeldsystem namens NetCash erweitert (siehe Kap. 4.5.3).

Durch die Verwendung eines konventionellen (symmetrischen) Verschlüsselungsverfahrens wird das Zahlungssystem sehr viel leistungsfähiger als andere, die beispielsweise kombinierte RSA- und DES-Verfahren verwenden. Die Verwendung von RSA erfordert auch bei kurzen Nachrichten im Vergleich zu DES sehr

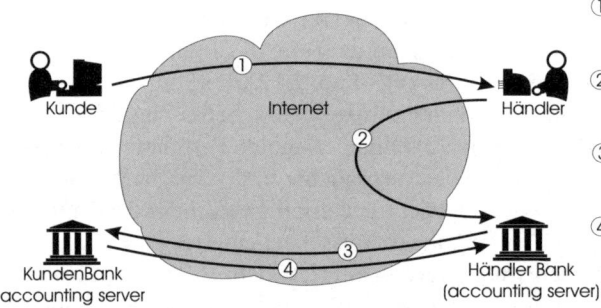

① Kunde stellt Scheck (als Kerberos Proxy) aus und sendet ihn online oder per email an Händler

② Händler kontrolliertDaten und reicht Scheck unterschrieben bei seinem accounting server ein

③ Händlerbank löst Scheck mit der Vollmacht des Händlers bei der Kundenbank ein.

④ Banken verrechnen Buchungen zu späterem Zeitpunkt (Clearing)

Abbildung 4.12: Transaktionsfluß bei NetCheque. Der Kunde hat über das Verhältnis zu seinem Accounting Server die Möglichkeit, Proxies (Vollmachten) selbst auszustellen.

Tabelle 4.9: Systemeigenschaften von NetCheque

Eigenschaft	Beschreibung
Sicherheit	Die Authentifizierung durch Kerberos gilt als sicher, erfordert allerdings eine zentrale Verwaltung der Benutzer und ihrer Paßworte.
Skalierbarkeit	Die verteilte Struktur der NetCheque-Server erlaubt eine flexible Erweiterung des Systems. NetCheque wurde speziell für hohe Skalierbarkeit entwickelt.
Mikrozahlungen	NetCheque ist für Mikrozahlungen sehr gut geeignet.
Bedienbarkeit	NetCheque liegt nur als Prototyp vor. Die Bedienung wird durch PPV (*pay per view*) unterstützt, ist aber einfach gehalten.
Kleinhändler	Schecks können auch an Privatpersonen adressiert werden
Anonymität	Anonymität wird technisch nicht gewährleistet, da *Accounting Server* über jede Kontobewegung unterrichtet werden.

viel höheren Rechenaufwand. Damit eignet sich NetCheque auch besser für hohe Transaktionsraten und auch für Mikrozahlungen. Die Verwendung eines *Public-Key*-Verfahrens ist jedoch ebenfalls möglich, führt aber zu einer entsprechend schlechteren Leistung [Neu93], [Neu95], [NeMe95].

4.5 Digitales Bargeld

4.5.1 Grundprinzip

Digitales Bargeld ist als Zahlungsmittel im Internet für die Entwicklung des *Electronic Commerce* von großer Bedeutung. Ziel ist, die Eigenschaften und die Funktionalität des realen Bargeldes in die digitale Welt abzubilden (Anonymität, Mikrozahlungen).

Digitale Münzen haben genauso wie reales Bargeld einen inhärenten Wert. Es handelt sich nicht um Schuld- oder Gutscheine, deren realer Gegenwert von einer dritten Partei gedeckt wird. Da solches digitales Geld letztendlich nur durch eine Reihe von Bits dargestellt wird, kann es problemlos beliebig oft kopiert werden. Kopien sind vom Original nicht zu unterscheiden.

Elektronisches Geld muß daher Mechanismen besitzen, die mehrfaches Bezahlen mit dem gleichen Geldstück entweder verhindern oder erkennen. Man setzt hier auf kryptologische und organisatorische Methoden, die das Erstellen bzw. Verwenden von Falschgeld unterbinden.

Abhängig von der Realisierung des digitalen Bargeldes sind unterschiedliche Schutzmechanismen notwendig. Die Problematik wird anschaulicher, wenn man die grundsätzlichen Realisierungsmöglichkeiten von digitalem Bargeld betrachtet.

Es lassen sich zunächst zwei Arten digitalen Geldes unterscheiden:

1. *Anonymes Bargeld* gleicht dem realen Bargeld. Durch Verwendung spezieller Kryptotechnik (*blinding*, vgl. Kap. 2.5.1) kann die Bank durch einen Händler eingezahltes Geld nicht mehr mit dem Kunden in Verbindung bringen, der es abgehoben hat. Sie kann lediglich feststellen, daß sie selbst das Geld ausgegeben hat.
2. *Identitätsbezogenes Geld* enthält Informationen, die der Bank die Identifizierung des Kunden, der das Geld abgehoben hat, erlaubt und somit die genaue Verfolgung des Geldflusses ermöglicht.

Neben diesen beiden Arten des digitalen Bargeldes kann eine weitere Unterscheidung hinsichtlich des Bezahlungsvorgangs getroffen werden:

1. Erfolgt eine *Zahlung online*, d.h. über eine Netzverbindung, besteht die Möglichkeit, eine Münze sofort bei der Bank einzureichen und auf Echtheit überprüfen zu lassen. Das bedeutet aber, daß eine Münze nur für eine einzige Transaktion gültig ist. Um die Verifizierung einer eingereichten Münze durchzuführen, muß die Bank entweder sämtliche im Umlauf befindlichen Münzen oder sämtliche bereits eingereichten Münzen kennen.
2. Bei *Offline-Zahlung* wird eine digitale Münze verwendet, ohne sofort durch die Bank überprüft werden zu können. Erst nach einiger Zeit gelangt sie wieder zur Bank. Man hat daher nur die Möglichkeit, Betrug im nachhinein erkennbar zu machen und einen eventuellen Betrüger zu identifizieren. Die Münze muß in diesem Fall also Informationen über die Identität des oder der Besitzer enthalten.

Online-Zahlungen sind sowohl für anonymes als auch für nicht-anonymes Bargeld sicher und einfach realisierbar. Eine kopierte Münze wird noch während der Transaktion erkannt und kann zurückgewiesen werden.

Offline-Zahlungen sind auf den ersten Blick nur für nicht-anonymes Bargeld geeignet, da die Bank die Identität eines betrügerischen Besitzers kennen muß. Eine digitale Münze kann seine Transaktionsgeschichte und seine verschiedenen Besitzer selbst speichern. Im Betrugsfall kann der Betreffende dann leicht identifiziert werden.

Aber auch anonymes Bargeld erlaubt im Betrugsfall eine Aufdeckung der Identität bei Offline-Zahlungen. Durch sogenanntes *Secret Sharing* wird gewährleistet, daß die Bank die Anonymität der Münze nur nach dem Einreichen von mehreren Kopien derselben Zahlungseinheit aufheben kann. Das kryptographi-

Tabelle 4.10: Schutzmaßnahmen gegen Kopieren von digitalem Bargeld

	Offline-Zahlung	*Online*-Zahlung
Identitätsbezogenes digitales Bargeld	Transaktionen auf Münze speichern	sofortige Prüfung bei der Bank
Anonymes digitales Bargeld	Teilidentitäten auf Münze speichern (*secret sharing*)	*Blinding* und sofortige Prüfung bei der Bank

sche Verfahren stellt sicher, daß die Bank diese Möglichkeit nicht mißbrauchen kann (vgl. Kap 2.5.2) [IN-2], [Cha92], [Mil95].

In Tabelle 4.10 werden die Lösungsansätze dargestellt, die sich aus den beschriebenen Unterscheidungen ergeben. Derzeit gibt es außer Chipkartensystemen keine Systeme für *Offline*-Zahlungen. Chipkarten nehmen bei der *Offline*-Zahlung eine Sonderstellung ein, denn sie erlauben die Kontrolle durch eine unabhängige Beobachtereinheit (*observer*) auf dem Chip selbst und bieten einen starken Schutz vor Manipulationen.

4.5.2 DigiCash

Das 1989 von David Chaum gegründete Unternehmen DigiCash bietet Hard- und Softwarelösungen für elektronische Zahlungssysteme an. Alle Lösungen beruhen auf moderner Kryptologie und garantieren sowohl Sicherheit als auch Anonymität des Käufers. DigiCashs Lösung für Mauterhebung wird bereits in den Niederlanden eingesetzt und das von D. Chaum geleitete ESPRIT-Projekt CAFE (*Conditional Access for Europe*) befaßt sich mit Chipkarten, die DigiCash-Technologie verwenden. Für elektronischen Zahlungsverkehr in offenen Netzen wird *eCash* propagiert und in einem weltweiten Feldversuch getestet. Seit Oktober 1995 bietet die Mark Twain Bank in St. Louis als erste Bank echte Währungen in Form von *eCash* an. Ab 1997 will auch die Deutsche Bank *eCash* in einem Pilotprojekt anbieten.

Obwohl D. Chaum kryptologische Verfahren entwickelt hat, die sich auch für *Offline*-Zahlungen eignen, bietet DigiCash derzeit nur ein System für *Online*-Zahlungen an, bei dem anonymes digitales Bargeld durch die Bank sofort bei der Bezahlung auf Gültigkeit geprüft wird (vgl. Tabelle 4.10). Eine Zahlung läuft dabei folgendermaßen ab:

Ein Benutzer hebt mit der Kundensoftware von seinem eCash-Bankkonto *online* digitales Geld ab und speichert es auf der Festplatte seines Rechners. Bereits bei diesem Schritt wird durch Chaums *Blinding*-Verfahren sichergestellt, daß die Bank die digitalen Münzen durch ihre Unterschrift validiert, ohne deren Seriennummer zu kennen.

Beim Kauf eines Produktes über das Internet sendet die Kundensoftware digitale Münzen an den Händler, der sie online an die Bank weiterleitet. Die Bank prüft die Unterschrift der Münzen, registriert die Seriennummern (ohne eine Verbindung zum Käufer herstellen zu können) und bucht den Betrag auf das Konto

Abbildung 4.13: DigiCashs Homepage im World Wide Web

des Händlers. Erst nachdem die Gültigkeit der Münzen durch die Bank bestätigt wurde, liefert der Händler seine Ware.

Um dem Käufer Anonymität zu garantieren, darf die Bank die Seriennummer einer abgehobenen Münze nicht mit dem Kunden in Verbindung setzen können. Andernfalls könnte sie ohne Aufwand den Geldfluß ihrer Kunden genauestens nachvollziehen, da digitale Münzen nur für eine einzige Bezahlung verwendet werden und danach sofort zur Bank zurückfließen.

Diese Entkopplung erfolgt mit verdeckten Unterschriften (*blind signature*). Hierbei erzeugt nicht die Bank, sondern der Kunde zufällige Seriennummern für abzuhebende Münzen. Die Seriennummern werden mit einer bestimmten Zahl (*blinding number*) verknüpft und in dieser Form der Bank gesendet. Die Bank leistet ihre digitale Unterschrift bezüglich dieser Seriennummer (mit ihrem geheimen Schlüssel) und sendet die Münzen zurück. Nun kann die *Blinding Number* wieder entfernt werden,

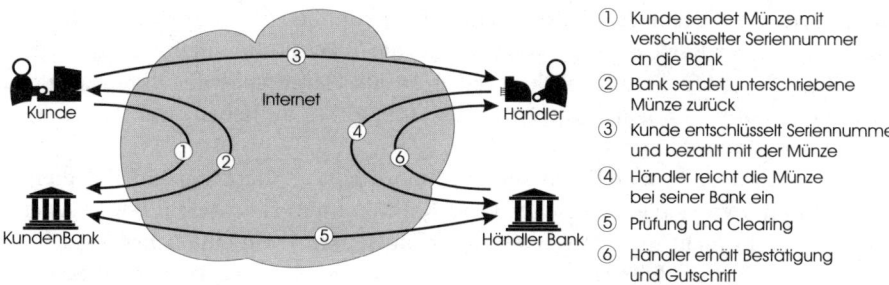

① Kunde sendet Münze mit
　verschlüsselter Seriennummer
　an die Bank

② Bank sendet unterschriebene
　Münze zurück

③ Kunde entschlüsselt Seriennummer
　und bezahlt mit der Münze

④ Händler reicht die Münze
　bei seiner Bank ein

⑤ Prüfung und Clearing

⑥ Händler erhält Bestätigung
　und Gutschrift

Abbildung 4.14: Bezahlungsvorgang mit DigiCashs digitalem Bargeld

ohne daß die Unterschrift ihre Gültigkeit verliert. Der Kunde erhält eine gültige digitale Münze mit einer der Bank unbekannten Seriennummer.

ECash gewährt nur dem Käufer Anonymität. „Digitale Einnahmen" können der Bank nicht verheimlicht werden. D. Chaum sieht in dieser Tatsache ein Argument für DigiCash (bzw. ein Gegenargument gegen den Vorwurf der möglichen Geld-

Tabelle 4.11: Systemeigenschaften von DigiCashs eCash

Eigenschaft	Beschreibung
Sicherheit	Die Übertragung von Dateien mit inhärentem Geldwert über ein offenes und unsicheres Netzwerk erfordert starke Sicherheitsvorkehrungen gegen Betrugsversuche und Angriffe von Dritten. eCashs Schutztechniken basieren auf sicheren asymmetrischen Schlüsselverfahren (*Public Key*). Der Zugriff auf das Bankkonto ist zusätzlich mit einem persönlichen Paßwort geschützt.
Skalierbarkeit	Sämtliche eingezahlte Münzen müssen archiviert werden — durch Gültigkeitsdaten der Münzen wird die Verwaltung der Datenbanken zwar vereinfacht, bleibt aber bei sehr großen Systemen aufwendig.
Mikrozahlungen	Der technische Aufwand einer Transaktion ist derzeit sehr hoch, da jedesmal die Gültigkeit einer Münze *online* überprüft werden muß. Dennoch ist eCash bei kleinen Beträgen gut einsetzbar.
Bedienbarkeit	Sobald der Kunde den prinzipiellen Ablauf des Abhebens und Bezahlens verstanden hat, ist das System durch seine übersichtliche Benutzeroberfläche leicht zu bedienen.
Kleinhändler	Es ist problemlos möglich einem anderen DigiCash-Benutzer Geld münzen zukommen zu lassen (Kleinhändler).
Anonymität	DigiCash garantiert als einziges der vorgestellten Zahlungssysteme echte Anonymität.

wäsche), da sie illegale Geldflüsse erschwert. So können z.b. unerklärbar hohe Einnahmen von der Bank bemerkt werden. Illegale Transaktionen können außerdem vom Bezahler jederzeit aufgedeckt werden. Durch Herausgabe des *Blinding Factor* kann ein Käufer nämlich jederzeit seine Anonymität aufheben und damit seine Transaktion nachweisen.

Bruce Schneier beschreibt in seinem Buch [Sch94] allerdings ein Beispiel, in welchem anonymes elektronisches Geld Kriminalität erleichtert: Eine Lösegeldübergabe muß nicht mehr physikalisch erfolgen, denn von einem Erpresser vorgegebenes „digitales Lösegeld" kann unterschrieben und z.b. über Zeitungen veröffentlicht werden – nur der Erpresser kennt die zugehörige *Blinding Number*, mit welcher das Geld anonym und gültig wird [Sch94].

DigiCashs *eCash* kommt im Gegensatz zu den bisher vorgestellten Systemen einer eigenen Währung gleich. Ausgebende Banken müssen ihren Kassenbestand bei der Ausgabe von *eCash* angleichen und entsprechende Verbindlichkeiten in *eCash*-Währung eingehen (*eCash Liabilty*), d.h. die Bank muß für die ausgegebene Währung entsprechende Garantien übernehmen [IN-2], [IN-24].

4.5.3 NetCash

NetCash ist ebenso wie NetCheque ein Produkt der *University of Southern California* (vgl. Kap. 4.4.4). Es stellt einen Rahmen bereit, der die Integration anonymen elektronischen Geldes in die globale Bankeninfrastruktur und Kontenführung ermöglicht.

NetCash folgt nicht dem zentralen Ansatz von DigiCash, sondern setzt auf dem bereits vorgestellten NetCheque-System auf, um das grundlegende Problem der Skalierbarkeit zu lösen. Dabei nimmt man eine reduzierte Anonymität in Kauf, d.h. es gibt eine technische Möglichkeit, um die Identität eines Kunden herauszufinden, die allerdings das Zusammenspiel aller beteiligten Banken voraussetzt.

NetCash beruht auf unabhängigen verteilten Servern (*currency server*), die als Geldwechselstellen zwischen anonymen und nicht anonymen Zahlungsmitteln wie z.B. NetCheque fungieren. Jeder Server unterhält bei einem *Accounting Server* ein Konto. *Clearing* zwischen *Currency Servern* kann dadurch mittels NetCheque-Schecks erfolgen, die sich die Server gegenseitig ausstellen. Damit entsteht ein finanzieller Verbund, in dem unterschiedliche Zahlungsmittel akzeptiert werden.

NetCash-Münzen enthalten neben Angaben zu ihrem Wert auch eine Seriennummer, den Namen des ausgebenden *Currency Servers*, seine IP-Adresse und ein Verfalsdatum. All diese Informationen werden mit dem privaten Schlüssel des *Currency Servers* verschlüsselt und zusammen mit einem Zertifikat präsentiert. Jeder *Currency Server* benötigt ein Zertifikat einer höheren Instanz, die für dessen Integrität bürgt. Damit kann sich der Server gegenüber anderen Servern „ausweisen" und somit ein Vertrauensverhältnis schaffen. In der Praxis heißt das, daß NetCash-Münzen des Servers, die dieses Zertifikat enthalten, auch von anderen *Currency Servern* akzeptiert werden.

Neben dem einfachen Ausgeben und Annehmen von NetCash-Münzen bietet ein *Currency Server* dem Kunden auch weitere Dienste an:

- Verifikation und Umtausch von Münzen: Ein beliebiger Benutzer kann Net Cash-Münzen an den ausgebenden Currency Server senden, der diese daraufhin auf Gültigkeit prüft und feststellt, ob die Münze bereits eingereicht wurde. Die Münze wird eingezogen und eine neu ausgestellte Münze wird dem Anfragenden zurückgeschickt. Durch Umtausch kann ein Benutzer Anonymität erlangen, da er sich beim Umtausch nicht identifizieren muß.
- Falls eine eingereichte Münze von einem anderen Currency Server ausgestellt wurde, wird sie dort eingereicht und verifiziert. Der ausgebende Server sendet einen Scheck über ihren Gegenwert an den lokalen Currency Server, der ihn über die NetCheque-Infrastruktur von Accounting Servern einlösen kann.
- Einreichen von Schecks: Ein Kunde reicht einen erhaltenen Scheck bei seinem Currency Server ein und erhält neu ausgestellte Münzen.
- Kaufen von Schecks mit Münzen: Ein Kunde reicht Münzen und den Namen des gewünschten Empfängers ein und erhält daraufhin einen personifizierten Scheck zurück.

Abbildung 4.15 zeigt den vereinfachten Ablauf einer Transaktion mit NetCash-Münzen. Der Kunde läßt sich bei einem Currency Server Münzen ausgeben (z.B. gegen einen NetCheque-Scheck). Diese Münzen sendet sie mit dem öffentlichen Schlüssel des Händlers verschlüsselt an den Händler. Der Kunde kann dabei anonym bleiben indem sie beim Verbindungsaufbau einen neu erstellten Sitzungsschlüssel für alle weiteren Nachrichten mitsendet. Der Händler tauscht die Münzen sogleich bei seiner Bank um und erhält nach der Validierung neue Münzen zurück. Die Bank des Händlers muß die Münzen dabei an die ausgebende Bank weiterleiten, um sie dort prüfen zulassen. Die Banken verrechnen den Betrag später durch NetCheque-Schecks.

Zur Erkennung von mehrfachem Bezahlen führt ein *Currency Server* alle Seriennummern der ausgestellten aber noch nicht eingereichten Münzen in einer Datenbank, kann also Seriennummern streichen, sobald die zugehörigen Münzen eingereicht und aus dem Verkehr gezogen werden. Da doppelt eingereichte Münzen abgelehnt werden, sollte der Händler seine Münzen so rasch wie möglich umtauschen, insbesondere dann, wenn der Kunde anonym geblieben ist.

Der Kunde kann sich auch gegen Betrug durch der Händler schützen, der seine Münzen ja annehmen könnte, ohne seine Leistung zu erbringen. Dazu muß der Kunde besondere Münzen von seiner Bank beantragen. Der Kunde erhält dann statt einer normalen Münze drei gekoppelte Münzen mit gleichem Wert und gleicher Seriennummer. Allerdings sind sie nur nacheinander in bestimmten Zeitfenstern gültig. Die erste Münze kann nur vom Händler verwendet werden, die zweite nur vom Kunden und die dritte von jedermann (falls der Kunde die Münze doch lieber anderweitig einsetzen möchte). Dies kann durch Einbinden der öffentlichen Schlüssel vom Kunden und Händler umgesetzt werden. Der Kunde kann so mit Hilfe des *Currency Servers*

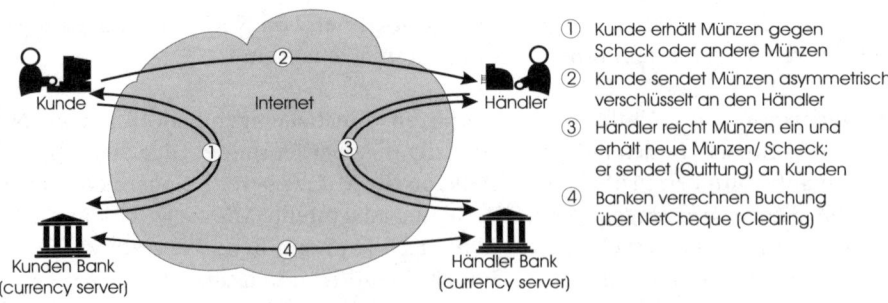

Abbildung 4.15: Transaktionsfluß bei NetCash

beweisen, daß die vom Händler eingereichten Münzen von ihm stammen, und er folglich seine Leistung erfüllen muß [MeNe93a], [MeNe93b], [Neu93].

Tabelle 4.12: Systemeigenschaften von NetCash

Eigenschaft	Beschreibung
Sicherheit	NetCash sieht ein Hybridverfahren vor, das asymmetrische und symmetrische Verschlüsselung einsetzt. Es werden keine genaueren Angaben zu den Verfahren gemacht.
Skalierbarkeit	Bei der Konzeption wurde besonders auf Skalierbarkeit geachtet. NetCash basiert auf unabhängigen Servern, die auf dem NetCheque-System aufbauen und flexibel erweitert werden können.
Mikrozahlungen	Obwohl die Abwicklung einer Transaktion sehr kommunikations-aufwendig ist, soll NetCash für die Begleichung kleiner Beträge geeignet sein. Es liegen keine Preise vor.
Bedienbarkeit	Es wird eine Unterstützung des Systems durch die Software PPV (*pay per view*) angeboten, die NetCheque und NetCash-Zahlungen über das WWW einleitet. Die Bedienungsoberfläche wirkt ein wenig vernachlässigt.
Kleinhändler	NetCash erlaubt den freien Austausch von Münzen zwischen den Benutzern.
Anonymität	NetCash bietet eine reduzierte Anonymität gegenüber DigiCashs E-cash: Ein *Currency Server* kann die Identität eines bei ihm registrierten Bezahlers aufdecken. Durch Umtausch der Münzen hat ein Kunde die Möglichkeit, Anonymität zu erhalten.

4.5.4 Chipkarte als elektronische Geldbörse

Um die Bedeutung der Chipkarte verständlich zu machen, wollen wir etwas ausholen und diese Entwicklung zunächst unabhängig vom Internet betrachten. Chipkarten werden eine bedeutende Rolle im bargeldlosen Zahlungsverkehr spielen. Dabei ist nicht allein die in Deutschland steigende Tendenz zur Nutzung von bargeldlosen Zahlkarten beteiligt, sondern vor allem das große Interesse der Kreditwirtschaft an der Chipkarte. Der Grund dafür ist in einer enormen potentiellen Kosteneinsparung zu suchen. Da Chipkarten große Sicherheit bieten, kann bargeldloser Zahlungsverkehr nämlich zukünftig ohne sofortige Prüfung der Gültigkeit einer EC-Karte, also *offline*, durchgeführt werden. Bei der bisher üblichen Zahlung per EC-Karte muß dagegen eine Prüfung *online* erfolgen. Die Kosten eines Händlers für entsprechende Telekommunikationsverbindungen belaufen sich dabei auf bis zu 0,8% des Umsatzes! Diese Kosten können durch Chipkarten reduziert werden. Daher werden etwa 50 Millionen EC-Karten in Deutschland mit Chips und einer Geldbörsenfunktion ausgestattet.

Die deutschen Banken sind aber bei weitem nicht die einzigen, die Anstrengungen in dieser Richtung unternehmen. Der öffentliche Personennahverkehr hat ebenfalls Interesse an der elektronischen Abrechnung von Fahrkarten. In England wurde z.B. bereits die MONDEX-Karte in einem großen Feldversuch eingeführt. Europay, MasterCard und VISA haben im Juni 1995 einen Standard für Chipkarten entwickelt und nun eine überarbeitete Version vorgestellt. D. Chaum, der Entwickler von *eCash*, ist in dem EU-Projekt CAFE ebenfalls mit der Entwicklung einer Chipkarte beschäftigt. Chipkarten sind also nicht mehr aus dem Zahlungsverkehr wegzudenken [Ewe96], [Mün95].

Es liegt auf der Hand, daß ein Einsatz von Chipkarten für Zahlungen über das Internet zahlreiche Vorteile bieten würde. Die weite Verbreitung und hohe gebotene Sicherheit läßt eine ungewöhnlich große Akzeptanz eines solchen Angebots erwarten.

Im folgenden soll die Funktionsweise einer elektronischen Geldbörse am Beispiel der CEN-Norm (*Comité Européen de Normalisation*, Europäisches Komitee für Normung) dargelegt werden, um einen Eindruck der Sicherheitskonzepte zu vermitteln. Anschließend wird ein möglicher Einsatz von elektronischen Geldbörsen im Internet aufgezeigt. Darüber hinaus ist im Anhang eine Beschreibung der beteiligten Instanzen in einem Chipkarten-Zahlungssystem nach CEN und einige Beispiele bestehender Chipkartensysteme zu finden (siehe Anhang A. Chipkarten, Anhang B. Chipkartenbasierte Zahlungssysteme).

4.5.4.1 Elektronische Geldbörse nach CEN

Von der Europäischen Kommission wurde im Jahre 1991 beschlossen, eine europäische Norm für eine branchenübergreifende, elektronische Geldbörse durch die CEN erstellen zu lassen. Die wesentlichen Teile sind mittlerweile in ihrem Inhalt stabil und werden nach der Schlußabstimmung als europäische Norm veröffentlicht.

Eine elektronische Geldbörse soll nach dieser Norm dieselben Eigenschaften wie eine normale Geldbörse besitzen:

- *Debit-Eigenschaften*
  Die Chipkarte muß vorbezahlt sein und ist somit eine Debitbörse. Sie läßt sich wie eine Telefonkarte benutzen, welche im voraus bezahlt werden muß, kann aber beliebig oft mit Geldeinheiten beladen und anschließend wieder entladen werden.

- *Freie Verfügbarkeit*
  Der Vorgang des Bezahlens selber muß schnell und unkompliziert ablaufen, da sonst die Akzeptanz sinkt. Deshalb gibt es im Electronic-Purse-Konzept keine PIN (*personal identification number*) zur Identifizierung des Kartenbenutzers und keinerlei andere Sicherheitskriterien (z.B. Unterschrift bei der Bezahlung mit Kreditkarten zur Authentifizierung des Karteninhabers). Dadurch wird der Kartenbenutzer zum Karteneigentümer und kann über den Betrag auf der Karte beliebig verfügen.

- *Anonymität*
  Ebenso wie bei einer Geldbörse finden alle Bezahlungen anonym statt, es kann also nicht mehr zurückverfolgt werden, welche Person zu welchem Zeitpunkt welches Produkt gekauft hat. Diese Anonymität gilt allerdings nur innerhalb der Grenzen der Systemüberwachung, da trotz des oben Gesagten in einer Datei auf der Chipkarte betriebsinterne Zustandsinformationen protokolliert werden können, um dem Betreiber des Electronic-Purse-Konzeptes die Möglichkeit zu verschaffen, auf noch eventuell unentdeckte Fehler aufmerksam gemacht zu werden bzw. um statistische Werte zur Rentabilitätsrechnung des Systems zu gewinnen.

Chipkarten enthalten im wesentlichen einen kleinen aber voll funktionsfähigen Minicomputer, der die in ihm gespeicherten Daten gegen unerwünschten Zugriff und gegen Manipulation schützt. Die Sicherheit beruht auch hier auf Verschlüsselungsverfahren. Die geheimen, kartenindividuellen Schlüssel für die Authentifizierung und die Nachrichtenübermittlung werden während der einmaligen Initialisierung in die Karte geladen und können niemals mehr von außen gelesen werden. Um die Folgen einer Kompromittierung eines Schlüssels einzugrenzen, werden mehrere Sitzungsschlüssel erzeugt, die bei Bedarf der Reihenfolge nach aktiviert werden können (Abbildung 4.16).

Wie Abbildung 4.16 zeigt, hängen die gespeicherten Sitzungsschlüssel von streng geheimen Hauptschlüsseln sowie von der öffentlichen Seriennummer der Karte ab. Dies ermöglicht einem Kartenlesegerät (Terminal) die eigenständige Berechnung des Sitzungsschlüssels (vgl. Abbildung 4.17). Somit kann eine gegenseitige Authentifizierung mit dem *Challenge Response*-Verfahren (vgl. Kap. 2.3.4) erfolgen. Der gemeinsame Sitzungsschlüssel muß nicht übertragen werden, sondern nur eine durch diesen erzeugte Unterschrift, die auf der Gegenseite überprüft wird. Die Kommunikationspartner können sich damit authentisieren (d.h. die Echtheit der Chipkarte bzw. des Terminals feststellen), ohne ihr Geheimnis preiszugeben.

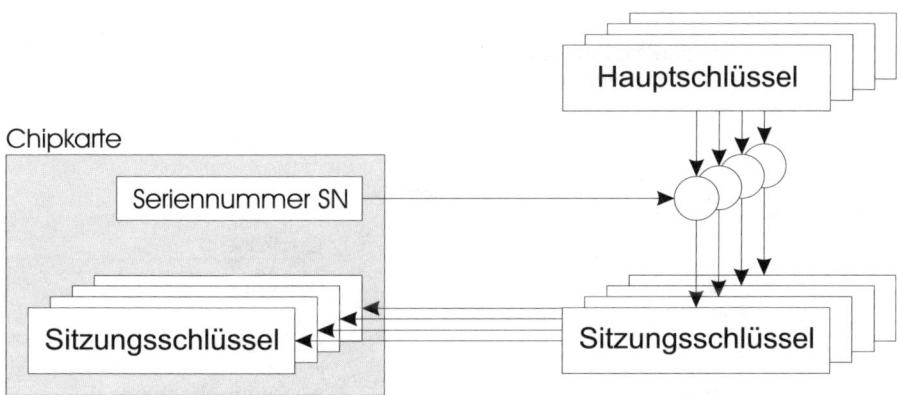

Abbildung 4.16: Bei der Initialisierung der Chipkarte werden einige Sitzungsschlüssel erzeugt und in die Karte geladen. Diese Schlüssel können nicht wieder ausgelesen werden.

Eine Kompromittierung des nur dem Terminal bekannten Hauptschlüssels würde das gesamte System kompromittieren, da mit dem Hauptschlüssel alle kartenindividuellen Sitzungsschlüssel berechnet werden könnten. Deshalb muß der Hauptschlüssel im Terminal sehr sicher abgelegt sein, bzw. muß im Angriffsfall aktiv gelöscht werden können.

Nachrichten, die zwischen den Komponenten ausgetauscht werden, werden immer im Klartext übertragen. Alle Nachrichten sind mit einer nachgestellten Signatur (vgl. Kap. 2.3.2) versehen, so daß Manipulationen zu erkennen und alle Abläufe authentisch sind. Weiterhin sind die Kommunikationspartner durch Integration von Zufallszahlen und laufenden Sitzungsnummern in die Nachrichten vor einem Angriff durch Wiedereinspielen (*Replay*) von in früheren Sitzungen aufgezeichneten Daten geschützt.

Die Norm erlaubt die Verwendung eines beliebigen kryptographischen Algorithmus zur Erzeugung der Signaturen. Da es mit dem am besten geeigneten asymmetrischen RSA-Verfahren verschiedene organisatorische Probleme gibt (europäische Patentrechte, hoher Rechenaufwand bei der Generierung der digitalen Signaturen), wird es im Rahmen des *Electronic-Purse*-Konzeptes zur Zeit nicht eingesetzt. Statt dessen verwendet man den DES-Algorithmus, welcher aufgrund seiner symmetrischen Struktur keine digitale Signatur im klassischen Sinn zuläßt, aber bei Vorhandensein von lediglich zwei kommunizierenden „sicheren" Partner einen guten Ersatz darstellt.

Des weiteren verfügen Chipkarten über umfangreiche und zuverlässige Schutzmechanismen vor physikalischen Angriffen und Analyseverfahren. An dieser Stelle wollen wir aber nicht weiter darauf eingehen.

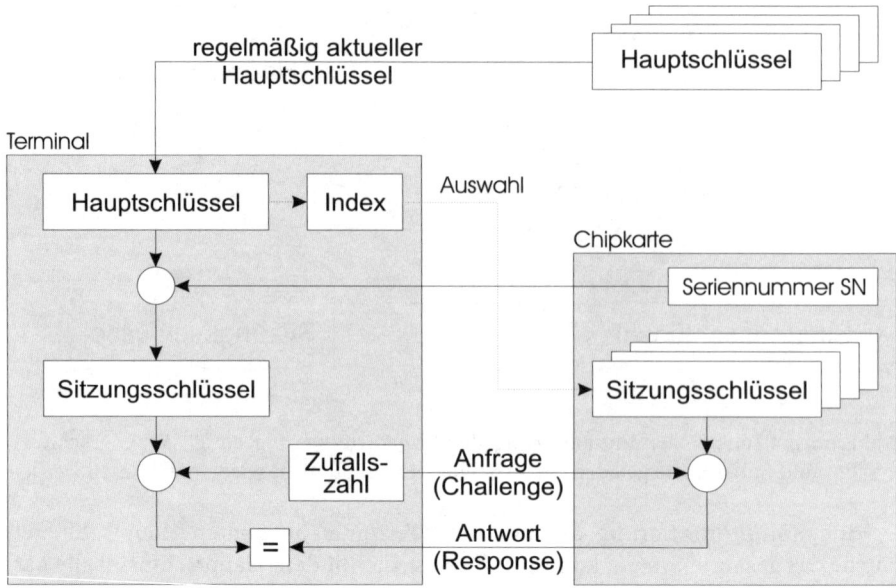

Abbildung 4.17: Bei der Authentifizierung der Chipkarte gegenüber dem Terminal mit dem Challenge Response-Verfahren wird der aktuelle geheime Sitzungsschlüssel nicht übertragen.

4.5.4.2   Elektronische Geldbörse für Zahlung im Internet

Es liegt nahe, ein solches chipkartenbasiertes Zahlungssystem auf das Internet zu übertragen. Wir wollen an dieser Stelle aufzeigen, wie dies prinzipiell geschehen kann, um die grundlegende Problematik erkennen zu können. Die folgende Ausführung beschreibt also kein bestehendes Zahlungssystem, sondern einen allgemeinen Lösungsvorschlag.

Chipkarten genügen sehr hohen und gut durchdachten Sicherheitsanforderungen. Allerdings wird bei konventionellen Chipkartensystemen eine sichere Umgebung für das Chipkartenterminal vorausgesetzt – meist bei Banken oder zumindest bei einem Vertragshändler (Abbildung 4.18 linke Seite). Solche sogenannten *Trusted Devices* an jeden Heim-PC anzuschließen, ist mit einem extrem hohen Risiko behaftet. Ob ein solches System auch Aufladestationen bei Banken mit einschließt, ist zunächst unwahrscheinlich, denn dazu müßte eine Chipkarte in einer extrem unsicheren Umgebung aufgeladen werden können. Dieses Risiko werden die Diensteanbieter (Banken) zumindest anfangs mit Sicherheit nicht eingehen.

Technisch gesehen, wäre die auf der rechten Seite der Abbildung 4.18 gezeigte Aufteilung des Kartenleseterminals in einen intelligenten Teil (Terminal), der beim Händler steht und den aktuellen Hauptschlüssel enthält und einen „dummen" Teil (Lesegerät), der z.B. in jede Tastatur integriert werden könnte, nur eine

bisherige Chipkartensysteme   Chipkartenzahlung über Internet

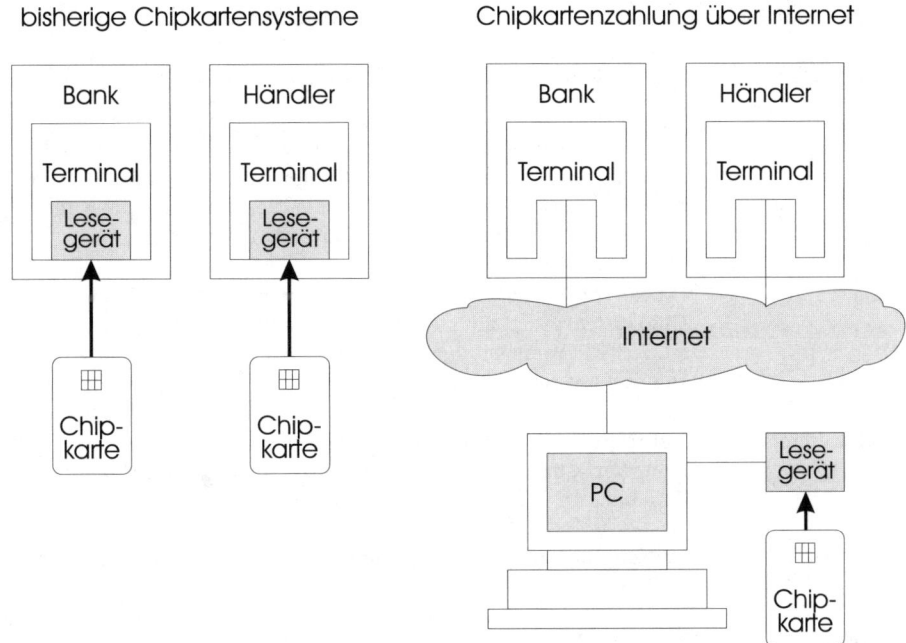

Abbildung 4.18: Bezahlung im Internet mit Elektronischer Geldbörse

einfache Verlängerung der Nachrichtenstrecke zwischen Karte und dem intelligenten Terminal. Eine solche Lösung setzt sich allerdings durch die Kommunikation über das Internet einer viel größeren Angriffsfläche (dem gesamten Internet) und einer großen Anzahl potentieller Angreifer aus. Deshalb sollten die herkömmlichen Sicherheitsmechanismen für eine Internet-Lösung vorsichtig auf die neuen Rahmenbedingungen geprüft und eventuell ergänzt werden, bevor Chipkarten im Internet eingesetzt werden.

Ein ähnliches Problem besteht übrigens bei der Abbuchung von Chipkarten über eine Luftschnittstelle (z.B. über Funk), so wie dies bei Systemen zur Straßengebührenerhebung vorgeschlagen wurde. Die Kommunikation über die Luftschnittstelle wird jedoch als sicherer als über das Internet eingestuft, da es sich um eine direkte Punkt-zu-Punkt-Verbindung handelt. Kann aber durch Kryptologie sichergestellt werden, daß eine Internet-Verbindung ebenso sicher verwendet werden kann, wie eine solche Punkt-zu-Punkt-Verbindung, spricht technisch gesehen nichts gegen die Verwendung der hier erarbeiteten Protokolle im Internet, die in der Normierung bereits weit vorangeschritten sind.

Tabelle 4.13: Systemeigenschaften von Chipkarten-Zahlungssystemen

Eigenschaft	Beschreibung
Sicherheit	Durch die Verwendung besonders geschützter Chipkarten und die Erfüllung extrem hoher Sicherheitsanforderungen wird eine Chipkarte über das Internet sehr sicher sein. Der Schaden eines Kunden ist aufgrund der Debiteigenschaft außerdem begrenzt.
Skalierbarkeit	Da das vorgeschlagene System auf einem zukünftigen allgemeinen Chipkartensystem mit einer gut ausgebauten Infrastruktur beruht, ist auch die Verarbeitung von zusätzlichen Transaktionen aus dem Internet gut zu bewältigen.
Mikrozahlungen	Der technische Aufwand einer Transaktion ist relativ hoch, aber da keine Verwaltung von Kundenkonten anfällt sind Mikrozahlungen denkbar.
Bedienbarkeit	sehr gut und transparent durch die Verwendung einer physischen Geldbörse
Kleinhändler	Nicht möglich
Anonymität	Je nach Systemlösung kann Anonymität garantiert sein.

4.5.5 Millicent

Das Internet hat eine neue Art der Bezahlung ins Gespräch gebracht: die Mikrozahlung oder manchmal umfassender auch als Microcommerce bezeichnet. Damit sind Bezahlungen mit ganz kleinen Geldsummen bis hin zu Bruchteilen von Pfennigen gemeint.

Während es beim Einkaufen im Supermarkt nicht vorkommen kann, ein Produkt im Wert von einem zehntel Pfennig zu erstehen, ist dies bei Waren und Dienstleistungen aus dem Internet durchaus möglich. Die neuesten Nachrichten, einzelne Börsenkurse, ausgewählte Zeitschriftartikel oder auch kleine Programme (JAVA Applets) haben eventuell einen Wert in dieser Größenordnung.

Die Digital Equipment Corporation (DEC) stellt das System *Millicent* vor. Millicent ist ausschließlich für Summen zwischen 0,1 Cent und 5 Dollar konzipiert worden. Es ist daher vor allem für Händler geeignet, die ihre Produkte nur über das Internet vertreiben wollen. Das System unterscheidet drei beteiligte Parteien:

1. Der Kunde kauft über seinen WWW-Browser ein; darin integriert ist die Millicent-Geldbörse (*wallet*), mit der bezahlt wird.

2. Der Händler stellt seine Produkte auf einem WWW-Server zum Verkauf bereit. In diesen Server wird der Millicent-Händler-Server integriert, der die Bezahlvorgänge verarbeitet.
3. Der Broker fungiert als Vermittler zwischen Kunde und Händler. Der Kunde lädt bei ihm sein *Scrip*, eine Art softwarebasierter Telefonkarte, auf. Der Händler rechnet mit dem Broker das vom Kunden erhaltene Scrip ab. Als Broker können Finanzinstitute oder auch Internet Provider dienen. Es liegt nahe, daß sich Broker darauf spezialisieren, Händler einer bestimmten Sparte zu betreuen.

Das Scrip ist ein wesentlicher Bestandteil von Millicent. Scrip kann man als Händler-spezifische Währung bezeichnen. Wie eine Telefonkarte nur zum Telefonieren benutzt werden kann, gilt ein Scrip jeweils nur für einen Händler. Ein Scrip ist mit einer Seriennummer gekennzeichnet, womit sehr leicht festgestellt werden kann, ob es schon einmal zum Bezahlen genutzt wurde. Weiter enthält jedes Scrip ein Zertifikat mit einer PIN des Kunden, wodurch es auch nicht gestohlen werden kann, da das Zertifikat erst kurz vor dem Bezahlen erstellt wird.

Damit ein Kunde bei einem bestimmten Händler etwas kaufen kann, sind vorher zwei Schritte nötig:

1. Der Kunde erwirbt per Kreditkarte bei einem Broker ein Broker-Scrip mit einem bestimmten Wert (z.B. US$5). Dieser Vorgang ist vielleicht nur einmal pro Woche nötig; dafür können Zahlungssysteme verwendet werden, wie sie in Kapitel 4.3 Kreditkartenzahlung vorgestellt wurden.
2. Möchte der Kunde von einem Händler etwas kaufen, wechselt er beim Broker einen Teil seines Broker-Scrip gegen Händler-Scrip ein (z.B. 5 Cent).

Der Händler bekommt dann beim eigentlichen Bezahlvorgang (Abbildung 4.19) das Händler-Scrip vom Kunden und liefert im Gegenzug sein Produkt. Einmal monatlich tauscht dann der Händler das erhaltene Scrip beim Broker gegen „echtes" Geld ein.

Millicent verwendet als Kryptoalgorithmen die schnell berechenbaren Einweg-Hash-Funktionen (siehe Kapitel 2.3.2 MD-5). Das hat den Vorteil, daß Tausende Transaktionen pro Sekunde verarbeitet werden können, was bei anderen Algorithmen (DES, RSA; siehe Kapitel 2.2.1 und 2.2.2) bei gleicher Rechnerleistung nicht möglich ist.

DEC arbeitet im Frühjahr 1997 an einem offenen Versuchsprojekt für Millicent. Dabei soll noch kein „richtiges" Geld verwendet.

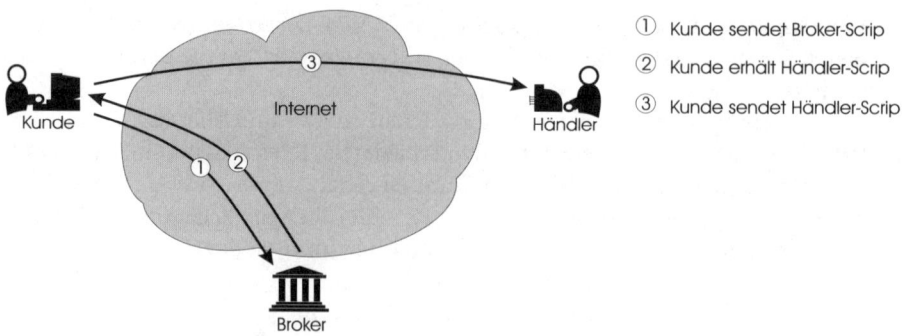

Abbildung 4.19: Bezahlvorgang mit DEC Millicent

Tabelle 4.14: Systemeigenschaften von DEC Millicent

Eigenschaft	Beschreibung
Sicherheit	Der Aufwand ein Scrip zu entschlüsseln steht in keinem Verhältnis zu dem möglichen Gewinn (maximal wenige Dollar).
Skalierbarkeit	Millicent ist für eine große Anzahl an Transaktionen entwickelt worden. So können Händler und Broker ihre Systeme durch Anschluß weiterer Server einfach erweitern.
Mikrozahlungen	Das System ist für Mikrozahlungen entwickelt worden.
Bedienbarkeit	Die beteiligten Parteien können Millicent einfach bedienen. Für den Kunden ist Bezahlen nur ein Tastendruck. Händler und Broker erweitern nur ihren WWW-Server um den Millicent-Server.
Kleinhändler	Grundsätzlich könnte sich jeder bei einem Broker als Händler registrieren lassen, und somit wäre auch ein Austausch von Scrip zwischen Privatpersonen möglich. Im Prinzip sind Kleinhändler aber nicht vorgesehen.
Anonymität	Millicent ist nicht anonym. Da Scrip aber von verschiedenen Brokern erworben werden kann, gibt es keine einzelnen Institutionen, die über alle Einkäufe des Kunden informiert ist.

5 Bewertung der Zahlungssysteme

5.1 Technische Aspekte

Dieses Kapitel vergleicht die vorgestellten elektronischen Zahlungssysteme im Internet. Die in Kapitel 4.2 eingeführten Bewertungskriterien ermöglichen eine direkte Nebeneinanderstellung der Systeme, aber da bei einer solchen systematischen Einteilung nicht auf individuelle Eigenschaften eingegangen werden kann, können hier einige Stärken und Schwächen der Systeme nicht berücksichtigt werden.

Die Tabelle 5.1 veranschaulicht die Vor- und Nachteile der in Kapitel 4 vorgestellten Zahlungssysteme. Die Einträge in der Tabelle beruhen auf den Ergebnissen der vorangegangenen Einzelbetrachtungen der Systeme. Da sich einige Systeme noch in Planung oder in der Entwicklung befinden, konnten hier z.T. nur Schätzwerte angegeben werden. Insbesondere für NetCheque und NetCash liegen keine Informationen über Gebührenkonzepte vor.

5.1.1 Kreditkartenzahlung im Internet

Kreditkartenzahlungen bieten eine hohe bis sehr hohe Sicherheit, weil zuverlässige Verschlüsselungsverfahren eingesetzt werden. Sie greifen zudem auf eine gute Infrastruktur zurück.

Nachteilig zeigen sich die durch Umsatzbeteiligungen und Fixkosten bedingten hohen Transaktionskosten, die in der Praxis zu einem Mindestbetrag als Voraussetzung für einen Kauf führen und somit keine Mikrozahlungen zulassen. Nachteilig sind die fehlende Anonymität und die fehlende Möglichkeit, Geschäfte zwischen Kleinhändlern abzuwickeln.

5.1.2 Zahlung über Kundenkonten

Die Vorteile der Zahlungssysteme, welche zwischengeschaltete Kundenkonten verwenden, liegen in ihrer Möglichkeit, Transaktionen zu akkumulieren und am Ende einer Zahlungsperiode gesammelt abzurechnen. Dadurch können in solchen Sys-

Tabelle 5.1: Bewertung der Zahlungssysteme im Überblick. Die mit * gekennzeichneten Systeme haben noch nicht die Produktreife erreicht und die dahinter angegebenen Werte sind daher nur Schätzungen, die auf den vorliegenden Informationen beruhen.

Zahlungs-system	Sicher-heit	Skalier-barkeit	Mikro-zahlung	Bedien-barkeit	Klein-händler	Anony-mität
Kreditkartenzahlung						
SSL/S-HTTP	hoch	einfach	nein	n.a.	nein	nein
SET*	sehr hoch	einfach	nein	n.a.	nein	nein
CyberCash	sehr hoch	einfach	nein	gut	nein	nein
Zahlung über Kundenkonten						
Online-Dienst	sehr hoch	aufwendig	ja	gut	ja	nein
Market-place	hoch	aufwendig	ja	gut	ja	nein
First Virtual	hoch	aufwendig	nein	unbefrie-digend	ja	nein
NetChe-que*	hoch	einfach	ja	unbefrie-digend	ja	nein
Digitales Bargeld						
DigiCash	hoch	aufwendig	ja	gut	ja	ja
NetCash*	hoch	einfach	ja	unbefrie-digend	ja	nein
Chipkarte*	sehr hoch	einfach	ja	gut	nein	ja
Millicent	hoch	einfach	ja	gut	nein	nein

n.a. dieses Kriterium ist in diesem Fall nicht anwendbar.

temen auch Mikrozahlungen, also Zahlungen unter DM 5 wirtschaftlich abgewickelt und außerdem Zahlungen an Kleinhändler ermöglicht werden.

Durch den obligatorischen Weg über den Vermittler, mit dem ein fester Vertrag bestehen muß, werden Händler und Kunde allerdings in ihrem Kundenpotential bzw. ihrer Händlerauswahl auf die Mitglieder der Benutzergruppe eingeschränkt.

5.1.3 Digitales Bargeld

Der Vorteil der Bargeld-Systeme liegt in der Möglichkeit, anonyme Zahlungen zu realisieren und auch Mikrozahlungen abzuwickeln. Da hierbei allerdings Dateien mit inhärentem Geldwert übertragen werden, die prinzipiell kopierbar sind, besteht ein sehr hohes Risiko und damit auch sehr hohe Sicherheitsanforderungen.

5.2 Kosten

Die Attraktivität eines elektronischen Zahlungssystems hängt auch von seiner Wirtschaftlichkeit ab. Entstehen bei der Verwendung zu hohe Kosten, so hat das System am Markt wenig Chancen. Die Abwicklung einer Transaktion bei elektronischen Zahlungssystemen ist meistens mit hohem Kommunikations- und Verwaltungsaufwand verbunden. Es stellt sich die Frage, ob diese Kosten in solchem Verhältnis zum Wert der Transaktion stehen, daß das System wirtschaftlich betrieben werden kann.

In diesem Kapitel soll eine kurze Kostenbetrachtung der vorgestellten elektronischen Zahlungssysteme erfolgen. Die genannten Preis- und Kostenangaben unterliegen großen Schwankungen und sollten als grobe Orientierungswerte dienen.

5.2.1 Kreditkartenzahlung im Internet

Bei der Kreditkartenzahlung im Internet handelt es sich in erster Linie um die Zahlung mit verschlüsselter Übertragung von Kreditkarteninformationen (SSL, S-HTTP, SET, CyberCash). Bei diesen Systemen bezahlt der Kunde nur die jährliche Kreditkartengebühr und für seinen Internet-Anschluß. Die Kundensoftware der Systeme ist kostenlos.

Der Händler muß eine Umsatzprovision von etwa 3,5%–4% an die Kreditkartenunternehmen bezahlen und abgesehen von neuer Software (die z.T. auch für den Händler kostenlos angeboten wird) keine Investitionen tätigen. Kreditkartenunternehmen verlangen zwar keine Mindestgebühren pro Transaktion, aber dennoch entstehen dem Händler durch Buchung, Verwaltung und Kommunikation Fixkosten, welche einen Mindestbetrag pro Transaktion für Kreditkartenzahlungen sinnvoll machen.

Die Techniken bauen auf der vorhandenen Infrastruktur der Kreditkartenunternehmen auf, es entstehen deshalb keine Kosten durch zusätzliche Diensteanbieter. Die Abrechnung zwischen den Kartenunternehmen und den Banken am
Monatsende bleibt unverändert, für den Kunden entstehen keine Mehrkosten. So
werden beispielsweise die Entwicklungskosten z.B. für SET nach eigenen Angaben
von VISA, MasterCard und weiteren beteiligten Unternehmen bezahlt. Die Firmen erhoffen sich durch eine solche Standardisierung eine steigende Kredit-
kartenbenutzung, die die Entwicklungskosten kompensieren.

Lediglich das Konzept von CyberCash sieht eine zwischengeschaltete Instanz
vor (CyberCash selbst), die für ihre Dienste bezahlt werden muß. Auch hier
werden die Kosten nicht direkt auf den Kunden und den Händler abgewälzt.
CyberCash verlangt eine prozentuale Beteiligung an den Umsätzen der Kredit-
kartengesellschaft bzw. der Partnerbank.

5.2.2 Zahlung über Kundenkonten

Kennzeichnend für diese Zahlungsart ist eine zwischengeschaltete dritte Partei,
die für ihre Vermittlerdienste entlohnt werden muß. Mögliche Einnahmequellen
für diese Partei sind einmalige Registrierungsgebühren, ständige Mitgliedsge-
bühren und Umsatzbeteiligungen (Disagio) am vermittelten Zahlungsverkehr.
Solche Beteiligungen können direkt vom Kunden, vom Händler oder auch vom
Kreditkartenunternehmen verlangt werden. Der Vorteil der Kundenkonten besteht
darin, daß auch sehr kleine Beträge ökonomisch abgerechnet werden, da nicht für
jeden Zahlvorgang eine eigene Abbuchung erfolgen muß.

- Online-Dienste
  Bei Online-Diensten wie z.B. CompuServe werden dem Kunden am Ende des
  Monats sämtliche entstandenen Kosten auf einmal in Rechnung gestellt.
  CompuServe verlangt für die generelle Nutzung des Dienstes eine monat-
  lichen Grundgebühr (ab US$ 9,95) und rechnet die Einlogzeit zudem mi-
  nutenweise (US$ 2,95/Stunde) ab. Der Kunde hat außerdem die Möglichkeit,
  Käufe von Produkten oder Dienstleistungen, die in CompuServe angeboten
  werden, ohne zusätzliche Gebühren über diese monatliche Rechnung zu
  bezahlen. Bei CompuServe kann jedes Mitglied auch selbst Dienste anbieten.
  Einen gewissen Prozentsatz (15%) der Einkünfte muß ein solcher Kleinhändler an CompuServe zahlen, der Rest wird ihm überwiesen. CompuServe
  bietet auch ein Zahlungssystem für direkte Kreditkartzahlung an. Das System ist voll kompatibel zur CyberCash-Software.
- Geschlossene Marktplätze im Internet
  An dieser Stelle soll wieder Downtown Anywhere als exemplarischer Market-
  place herangezogen werden. Die Gebühr für eine Halbjahresmitgliedschaft in
  Downtown Anywhere beträgt derzeit US$ 10. Für Transaktionen über das
  Downtown eigene Zahlungssystem werden vom Kunden keine Gebühren

verlangt. Die Beiträge für Händler sind sehr flexibel gestaltet und werden in der folgenden Tabelle aufgezeigt.

Downtown verlangt neben akzeptablen Grundgebühren sehr hohe Monatsbeiträge und hohe Umsatzbeteiligungen vom Händler. Allerdings versteht man diese Gebühren nicht als Preis für das angebotene Zahlungssystem, sondern eher als Ladenmiete für die Präsenz in Downtown. Es wird betont, daß man verhandlungsbereit ist.

Tabelle 5.2: Händler-Preistabelle von Downtown Anywhere (1996)

Web Packages	Initial Fee	Recurring Fees*	Commission
A flat ad (one page, no links) Initial fee includes publicity service and 1 hour of design/HTML assistance.	US$ 100	US$ 100 – US$ 400 per month	
A small store or office Initial fee includes publicity service and 3 hours of design/HTML assistance.	US$ 300 per month	US$ 50 – US$ 600	0–30%
A link to material „offsite" Initial fee includes publicity service.	US$ 100 – US$ 500	US$ 200 – US$ 600 per month	0%
A Showroom, a „District", or a new service.	Let's talk	US$ 200 – US$ 2.000 per month	
Additional Services			
Order/Inquiry Processing	US$ 50	US$ 0,35 per event	
Payment Processing (secure) Your merchant account	US$ 200	US$ 5 per month	8%
Payment Processing (secure) Our merchant account	US$ 50	&10 per month	12%
Shopping Cart service	TBA	TBA	TBA
Domain Name registration	US$ 250	US$ 10 per month	
A Shared Virtual Web Server with a unique IP address	US$ 350	US$ 125 per month	
Consulting Services	Hourly rate		
HTML, SoftLocking, and page preparation services	US$ 50		
Strategic Consulting and Programming	US$ 100		
(50% creditable toward other recurring fees.)			

- First Virtual
  Händler, die First Virtual-Zahlungen akzeptieren wollen, müssen eine Registrierungsgebühr von US$ 10 entrichten, während sich Kunden für US$ 2 registrieren müssen. Für eine Transaktion bezahlt der Kunde keine zusätzlichen Gebühren, aber der Händler muß 29 Cent plus 2% der Einnahmen entrichten. Einnahmen werden nicht sofort dem US-Konto des Händlers überwiesen, sondern nur gesammelt am Ende einer bestimmten Zeitspanne. Für diese Überweisung wird eine Bearbeitungsgebühr von $1 erhoben.
- NetCheque
  NetCheque ist noch in der Entwicklungsphase und über geplante Gebühren liegen keine Informationen vor.

5.2.3 Digitales Bargeld

Digitales Bargeld setzt eine Bank voraus, die digitales Geld in reales Geld wechselt und in eigenen Konten verwaltet. Zusätzliche Kosten für den Kunden entstehen durch Kontoeröffnungs-, Kontoführungs-, sowie Buchungsgebühren.

- DigiCash
  Die erste Bank, die eCash verwendet, die amerikanische Mark Twain Bank, bereitet ihren Kunden folgendes Angebot:

Tabelle 5.3: Preistabelle der Mark Twain Bank für die Führung eines eCash - Kundenkontos (Januar 1997)

Consumer	Schedule 1 (I'll try that)	Schedule 2 (Frequent User)	Schedule 3 (Heavy User)
Setup Fee[a]	US$ 11,00	US$ 25,00	US$ 20,00
Monthly Fee[b]	US$ 1,00	US$ 2,00	US$ 5,00
Included Transfers/Month[c]	1	2	5
Balance to Waive Monthly[d]	US$ 500,00	US$ 750,00	US$ 1.500,00
Each Additional Transfer[e]	US$ 3,00	US$ 2,00	US$ 1,00
Transfer Out[f]	5,00 %	4,50%	4,00 %

[a]*Setup Fee*: Einmalige Gebühr für die Kontoeröffnung.
[b]*Monthly Fee*: Die monatliche Kontoführungsgebühr.
[c]*Included Transfers Monthly*: Für jeden Transfer vom Kundenkonto auf das eCash-Konto des Kunden und umgekehrt wird eine Gebühr fällig. Pro Monat ist aber die angegebene Anzahl von Transfers auf das eCash-Konto umsonst.
[d]*Balance to Waive Monthly*: Hat der Kunde immer mindestens den angegebenen Betrag auf dem Bankkonto deponiert, so entfällt für ihn die monatliche Kontoführungsgebühr.
[e]*Each Additional Transfer*: Gebühr für den Transfer vom Kundenkonto auf das eCash-Konto des Kunden.
[f]*Transfer Out*: Gebühr für den Transfer vom eCash-Konto zurück auf das Kundenkonto.

Tabelle 5.4: Preistabelle der Mark Twain Bank für die Führung eines eCash-Händlerkontos (Januar 1997)

Merchant	Schedule 5	Schedule 6	Schedule 7	Schedule 8
Set Up Fee	US$ 150,00	US$ 250,00	US$ 350,00	US$ 500,00
Monthly Fee	US$ 25,00	US$ 20,00	US$ 10,00	US$ 5,00
First US$ 500.00 movement[a] 3,00 %		2,75 %	2,50 %	2,00 %
Money movement above[b]	2,75 %	2,50 %	2,25 %	2,00 %

[a]*First US$ 500.00 movement*: Ein Händler wird Einnahmen in eCash relativ rasch in echtes Geld umwandeln. An allen Transfers vom eCash-Konto zum Händlerkonto (und umgekehrt) verlangt die Mark Twain Bank eine prozentuale Beteiligung. Für die ersten 500 US-Dollar (pro Monat) gilt der an dieser Stelle genannte Prozentsatz. Die monatlichen Kontoführungsgebühren werden hierauf sogar angerechnet.
[b]*Money MovementAabove*: Nimmt ein Händler mehr als 500 US$ (im Monat) ein, sinkt der Prozentsatz für zusätzliche Transfers auf den hier angegebenen Wert.

Man sieht, daß die Kosten für den Kunden vor allem beim Rücktransfer nicht unerheblich sind. Hierdurch und über die Gebührenerhebung bei häufigen Transfers vom Kundenkonto auf das eCash-Konto wird erreicht, daß der Benutzer monatlich einen ausreichend hohen Betrag in eCash transferieren läßt und sein Guthaben in eCash-Währung hält. Dadurch entsteht für die Bank ein geringer Verwaltungsaufwand, da Buchungen selten erfolgen, und sie kann mit einem hohen und gleichmäßigen *Float* rechnen, dem verzinsbaren realen Gegenwert der unverzinsten eCash-Geldmenge.

- NetCash
  Ebenso wie bei NetCheque liegt für das geplante NetCash keine Information über Gebührenerhebung vor.
- Chipkarten-Zahlung
  Auch bei dem Vorschlag der Chipkartenzahlung über das Internet liegen keine Gebührenkonzepte vor. Wird ein solches System in Anlehnung an bestehende Chipkartensysteme realisiert, so werden die entsprechenden Gebührenstrukturen aber mit Sicherheit übernommen. Banken werden dabei im wesentlichen am *Float* und an Kundengebühren verdienen, während sich Systembetreiber durch Umsatzbeteiligungen und Dienstleistungen finanzieren.
- Millicent
  Für Millicent liegen noch keine Informationen zur Gebührenstruktur vor

5.3 Rechtliche Aspekte

Für alle Systeme stellt sich grundsätzlich das Problem der Haftung bei Schäden, die durch Fehlfunktionen verursacht werden. Die Hauptfrage nach der Fehlerquelle und damit nach dem Verantwortlichen ist schwer zu beantworten.

Weiterhin herrscht große Unsicherheit über die Möglichkeiten der versteckten Informationsübermittlung, Schattenkontenführung und Mißbrauch von Benutzerdaten. Dieser Unsicherheit auf seiten des Benutzers kann bei einem gesetzlichen Zahlungsmittel durch staatliche Kontrolle entgegengetreten werden. Handelt es sich aber um eine andere Zahlungsart (z.B. über Kreditkarten), so sollte der Vertrag zwischen Kunde und Anbieter oder freiwillige Kontrolle durch externe Institute ein Vertrauensverhältnis schaffen.

5.3.1 Kreditkartenzahlung im Internet

Die Kreditkartenzahlung über das Internet stellt an sich kein rechtliches Problem dar. Durch den internationalen Charakter dieses Zahlungsmittels ist seine Akzeptanz auch über das Netz gesichert. Allerdings gibt es auch im Internet die Möglichkeit des Mißbrauchs z.B. durch gestohlene Kreditkarten. Ähnlich wie bei der Kreditkartenbezahlung über Telefon fehlt hierbei die Unterschrift des Kunden und der Händler trägt das Risiko.

Einzig das Problem des Mißbrauchs ist aufgrund der fehlenden eigenhändigen Unterschrift ungelöst. Ebenso wie bei Kreditkartenkauf über das Telefon kann dies aber toleriert werden, da Verluste durch Betrug bisher einkalkuliert werden konnten. Durch die Verwendung umfassender Transaktionsprotokolle wie SET ist die Gefahr eines Betruges bei Kreditkartenzahlungen über das Internet deutlich geringer als über Telefon oder in einem Restaurant.

5.3.2 Zahlung über Kundenkonten

Online-Dienste wie AOL oder CompuServe haben den Vorteil einer proprietären Infrastruktur, die eine relativ sichere Protokollierung und Abrechnung aller elektronischen Käufe ermöglicht. Da der Kunde in einem festen Vetragsverhältnis zum Diensteanbieter steht, beruhen auch Geldgeschäfte auf einer soliden rechtlichen Basis. Für Marketplaces im Internet verhält sich dies ähnlich, da auch hier Verträge mit Mitgliedern geschlossen werden.

First Virtual ist diesbezüglich nicht anders zu bewerten, doch führt die beabsichtige Vermarktung personenbezogener Daten zumindest in Deutschland zu rechtlichen Bedenken. Wegen der Internationalität des Problems sind deutsche Bedenken allerdings ohne Folgen.

5.3.3 Digitales Bargeld

Elektronisches Geld der Firma DigiCash ist anonym und trotzdem gegen Vervielfältigung geschützt. Solange diese Eigenschaften garantiert werden können, ist diese Lösung juristisch gesehen unproblematisch.

Allerdings besteht nach wie vor das Problem der fehlenden Verbindlichkeit eines Kaufvertrages. Da es sich bei digitalem Bargeld um ein Debitsystem handelt, in dem das tatsächliche Bezahlen vor der Erbringung der erkauften Leistung erfolgt, wäre im Falle eines Betrugs der Kunde der Geschädigte. NetCash schlägt für dieses Problem eine technische Lösung vor. Dem Kunden wird es ermöglicht, sein anonymes Geld auf einen bestimmten Empfänger festzulegen. Wird die Münze nach einem Betrug des Händlers eingereicht, kann der Kunde die eigene Anonymität aufheben und somit seine erfolgte Zahlung an den Händler nachweisen.

Vorbezahlte Chipkarten (elektronische Geldbörsen) sind nicht notwendigerweise anonym. Personifizierte Karten erlauben eine genaue Schattenkontenführung und selbst anonyme Karten bieten die Möglichkeit, Transaktionsdaten auf der Karte zu sammeln und dem Systembetreiber beim Nachladen der Karte zu übermitteln.

6 Zukünftige Entwicklung

Das Internet mit seinen weltweit etwa 50 Millionen Teilnehmern bietet eine stark wachsende, globale Kundenbasis für den Electronic Commerce. Darüber hinaus erschließt die inzwischen sehr gut entwickelte Bedienbarkeit der Internet-Software inzwischen breite Gesellschaftsschichten. Neben den Privat- und Geschäftskunden verzeichnen auch die kommerziellen Anbieter von Waren bzw. Dienstleistungen im Internet extrem hohe Zuwachsraten. Dieses Wachstum wird mit gewissen nationalen und branchenspezifischen Unterschieden auch die nächsten 2-3 Jahre ungebrochen anhalten.

Die Entwicklung des Electronic Commerce im Internet ist auch in anderer Hinsicht interessant. Bis vor etwa 2 Jahren entwickelten sich – als kommerzielle Konkurrenz zum Internet – die sogenannten Online-Dienste (z.B. Europe-Online, Prodigy, CompuServe), die über eigene proprietäre Technologie Endkunden den Zugang zu spezifischen Informationen angeboten haben. Diese Online-Dienste konnten sich gegenüber dem Internet nicht durchsetzen und mußten sich entweder dem Internet öffnen (CompuServe) oder die Geschäftsaktivitäten beenden (Prodigy, Europe-Online). Dieser Trend, weg von Online-Diensten mit geschlossenen Kundengruppen, spezifischen Inhalten und proprietärer Technologie und hin zu mehr Offenheit, für jeden zugängliche Inhalte und standardisierter Internet-Technologie, wird auch in Zukunft die Entwicklung des Electronic Commerce entscheidend prägen und vorantreiben.

Trotz der hervorragenden Voraussetzungen und Aussichten steht beim Electronic Commerce derzeit mehr die Präsentation von Produkten und Anbietern im Vordergrund und weniger der tatsächliche Verkauf von Waren- bzw. Dienstleistungen. Viele Unternehmen sind im Internet präsent, bieten ihren Kunden aber noch keine Möglichkeiten über das Internet Produkte zu kaufen.

Eines der Haupthindernisse für die Entwicklung der globalen Einkaufsmöglichkeiten im Electronic Commerce ist der Zahlungsverkehr. Wie in Kapitel 4 ausgeführt, gibt es heute bereits viele funktionsfähige Zahlungssysteme für das Internet, aber einige Teilprobleme in den Bereichen Sicherheit, Kreditwirtschaft und Benutzerakzeptanz sind noch nicht vollständig gelöst. Entsprechend rasant verläuft derzeit die Weiterentwicklung bestehender und die Einführung neuer Zahlungssysteme.

Im Sinne einer besseren Einschätzung dieser schnellen Veränderungen wird im folgenden eine grobe Abschätzung der zukünftigen Entwicklung in den Bereichen Kreditkartenzahlung, Zahlung über Kundenkonten und Digitales Bargeld dargestellt. Abschließend wird die zukünftige Entwicklung zusammengefaßt und ein qualitativer Ausblick für den Electronic Commerce der Zukunft skizziert.

6.1 Kreditkartenzahlung

Die Kreditkartenzahlung im Internet basiert auf dem etablierten Zahlungssystem der Kreditkartengesellschaften, wobei lediglich das Kommunikationsmedium zwischen Kunde und Händler durch Internet ersetzt wird. Die dafür notwendigen Protokolle sowie die entsprechenden Sicherheitsmaßnahmen bieten bereits heute mehrere Zahlungssysteme (siehe Abschnitt 4.3).

Aufgrund der globalen Verbreitung von Kreditkarten hat die Kreditkartenzahlung ausgezeichnete Voraussetzungen für den Electronic Commerce. Kreditkartenzahlungen im Internet haben allerdings auch zwei Nachteile: Zum einen können aufgrund der relativ hohen Grundkosten keine kleinen Beträge abgerechnet werden (keine Mikrozahlungen) und zum anderen dürfen nur anerkannte Händler mit diesem Zahlungssystem auftreten; Privatpersonen (Kleinhändler) sind in der Regel ausgeschlossen.

Die wichtigste Basis für Kreditkartenzahlung im Internet ist der offene Standard *Secure Electronic Transaction* (SET). Dieser Standard erfaßt die sichere Abwicklung von Kaufvorgängen von der Bestellung über die eigentliche Bezahlung bis zur Quittung. Da alle einflußreichen Unternehmen den Standard unterstützten, wird er bereits in naher Zukunft eine dominierende Rolle einnehmen. Derzeit wird SET von vielen verschiedenen Zahlungssystemanbietern (z.B. Cyber-Cash, Verifone) in entsprechende Softwareprodukte integriert und getestet.

Die bisher eingesetzten Verfahren für kreditkartenbasierte Bezahlung im Internet (z.B. SSL, S-HTTP) werden im Bereich Kreditkartenzahlung von SET in den Hintergrund gedrängt.

6.2 Zahlung über Kundenkonten

Eine etablierte Methode für Zahlungen im Internet sind Kunden- bzw. Händlerkonten, die von einer dritten Partei (Systembetreiber oder Vermittler) geführt werden. Dieser Systembetreiber kann z.B. ein Online-Dienst sein (CompuServe, AOL), der ein festes Vertragsverhältnis mit Kunden und Händlern hat. Der Kunde wählt sich z.B. über Telefon in das System ein, authentisiert sich z.B. durch Paßwort und kann dann beliebig Waren bzw. Dienstleistungen kaufen. Die Zahlungsbeträge werden auf seinem Kundenkonto akkumuliert und regelmäßig von seinem Bankkonto abgebucht (siehe Abschnitt 4.4).

Bei diesem Zahlungssystem können sowohl große als auch sehr kleine Beträge abgerechnet werden (Makro- und Mikrozahlung). Darüber hinaus können auch Privatpersonen (Kleinhändler) ihre Waren bzw. Dienstleistungen anbieten. Sie müssen nur eine entsprechende Vereinbarung mit dem Systembetreiber abschlie-ßen und eine umsatzabhängige Gebühr entrichten.

Entscheidender Nachteil der Zahlung über Kundenkonten ist die Segmentie-rung des Kunden- sowie des Anbietermarktes in z.T. unattraktive Teilbereiche: Ein Kunde kann nur auf die von seinem Systembetreiber angebotenen Informationen zugreifen, und ein Händler kann nur die Kunden seines Systembetreibers errei-chen. Zur Lösung dieses Problems müßten die Kunden Verträge mit vielen ver-schiedenen Systembetreibern abschließen, um alle ihre Bedürfnisse zu befrie-digen. Das bedeutet viele Paßwörter, hohe Kosten für die Grundgebühren usw. Andererseits müßten die Händler ihr Angebot in vielen verschiedenen Online-Diensten verfügbar machen, um die jeweilige Zielgruppe vollständig zu erreichen. Beide Aspekte sind für die Beteiligten unattraktiv, was dazu geführt hat, daß sich immer mehr Kunden bzw. Händler für das Internet und gegen einen proprietären Online-Dienst entschieden haben.

Obwohl der Markt sich in vielen Bereichen gegen Online-Dienste entschieden hat, wird die Zahlung über Kundenkonten zunehmen. Es wird vermehrt geschlos-sene Internet-Marktplätze geben, die zwar ebenfalls mit geschlossenen Kunden-gruppen arbeiten, aber voll auf Internet-Technologie aufbauen. Sobald die Rech-ner bei den Kunden standardmäßig mit Chipkartenleser ausgerüstet sind (ab Mit-te 1998) wird die Authentifizierung für diese geschlossenen Systeme sowohl Paß-wort als auch Chipkarten-gestützt sein.

Der Einsatz von Zahlungen über Kundenkonten wird allerdings nur solange wachsen bis standardisierte und etablierte Lösungen für die Bezahlung mit digita-lem Bargeld vorhanden sind. Gibt es eine solche Bezahlungsmöglichkeit, dann möchte kein Kunde Verträge mit mehreren Systembetreibern bzw. Internet-marktplätzen abschließen, sondern einfach bei Bedarf kaufen und dabei mög-lichst anonym bleiben.

6.3 Digitales Bargeld

Eines der wichtigsten Hindernisse für den Electronic Commerce ist das Fehlen von digitalem Bargeld für die Bezahlung im Internet. Ziel dabei ist es, das reale Bargeld mit allen Eigenschaften in die digitale Welt abzubilden. Dabei gibt es eine Reihe von z.T. widersprüchlichen Anforderungen wie Funktionalität, Anonymität und Sicherheit. Insbesondere die Anonymität der Bezahlung und die Sicherheit z.B. gegen Kopierschutz sind kontroverse Anforderungen, die schwierig zu er-füllen sind.

Ein weiteres grundsätzliches Problem von digitalem Bargeld sind die unter-schiedlichen nationalen Währungen. Ein Händler, der digitales Geld von einem Kunden in einem anderen Land akzeptiert, möchte das Geld in seine eigene reale Währung tauschen. Hier fehlen noch standardisierte Systeme, internationale Ab-kommen zwischen Banken usw.

Es gibt derzeit mehrere Ansätze für digitales Bargeld im Internet, die unterschiedlich weit entwickelt sind (siehe Abschnitt 4.5).

Das vielleicht bekannteste System wurde von DigiCash Inc. konzipiert und wird derzeit u.a. von der Mark Twain Bank (St. Louis, USA) angeboten. Dieses digitale Bargeld ist vollkommen anonym, d.h. die Bank kann die im Umlauf befindlichen Münzen nicht den Kunden zuordnen, an die sie das Geld ausgegeben hat. Sie kann lediglich die Echtheit prüfen.

Allerdings hat das System den Nachteil, daß alle jemals ausgegebenen Münzen gespeichert und mit den eingereichten Münzen verglichen werden müssen. Betreibt man ein solches System weltweit über mehrere Jahre, dann entsteht durch diese Prüfung ein enormer administrativer und softwaretechnischer Aufwand. Ein weiteres grundsätzliches Problem bei DigiCash ist die Speicherung der digitalen Münzen auf der Festplatte des Kunden-Rechners und damit direkt im Wirkungsbereich von Computer-Viren. Die Perspektiven für das DigiCash-System insgesamt werden zunehmend kritisch bewertet.

Chipkartenbasierte Ansätze für digitales Bargeld umgehen das Problem mit Computerviren weitgehend. Hier ist von Vorteil, daß das digitale Geld auf der Chipkarte gespeichert bzw. gesichert wird und nicht auf einem Speichermedium, das direkt vom Rechner zugänglich und manipulierbar ist.

Besonders interessant wird der chipkartenbasierte Ansatz im Zusammenhang mit elektronischen Geldbörsen, die derzeit z.B. in Deutschland und Österreich eingeführt werden. Diese Geldbörsen sind für den Einkauf in der realen Welt vorgesehen, können aber potentiell auch für die Bezahlung im Electronic Commerce verwendet werden. Derzeit arbeiten mehrere Unternehmen an der Entwicklung entsprechender Systeme.

Berücksichtigt man die globalen Aspekte des Electronic Commerce, dann haben national verfügbare elektronische Geldbörsen, wie z.B. die deutsche Geldkarte, allerdings nur begrenzte Bedeutung für die Einführung eines weltweit akzeptierten digitalen Bargeldes.

Nicht zuletzt spielen beim digitalen Bargeld auch die Transaktionskosten eine entscheidende Rolle. Es gibt im Electronic Commerce einen großen, derzeit nicht nutzbaren Markt für Produkte im unteren Mikrozahlungsbereich (z.B. die aktuellen Zeitungsüberschriften für 3 Pfennig, die neuesten Fußballergebnisse für 20 Pfennig usw.). Für diese Zahlungsbeträge im Pfennigbereich eignet sich weder das DigiCash-System noch die deutsche Geldkarte. Es bleibt abzuwarten, ob in diesem Zusammenhang das Millicent-System von DIGITAL Inc. eine adäquate Lösung liefert.

6.4   Zusammenfassung und Ausblick

Die zukünftige Entwicklung der verschiedenen Zahlungssystemkategorien wird hier noch einmal kurz zusammengefaßt und verglichen. Abbildung 6.1 zeigt eine grobe Abschätzung der weiteren Entwicklung für die Kreditkartenzahlung, die Zahlung über Kundenkonten sowie für digitales Bargeld.

Das starke Wachstum des Electronic Commerce über die nächsten 5 Jahre wird zu einem Anstieg der Transaktionen in allen drei Zahlungsarten führen. Die Darstellung zeigt ein starkes Wachstum im Bereich Kreditkartenzahlung, was durch die Einführung von SET noch verstärkt wird. Die Zahlung über Kundenkonten – d.h. die Zahlung in Systemen mit geschlossenen Kundengruppen – wird zunächst ebenfalls zunehmen. Hier wird die Einführung von chipkartenbasierter Authentifizierung in Zukunft größere Sicherheit und damit höhere Akzeptanz bewirken. Eine wichtige Änderung wird die Einführung von digitalem Bargeld im Electronic Commerce mit sich bringen: Sie wird das Wachstum der Zahlung über Kundenkonten deutlich bremsen. Wenn digitales Bargeld ein akzeptiertes und etabliertes Zahlungsmittel ist, dann gibt es nur noch in Teilbereichen des Electronic Commerce die Notwendigkeit, Kundengruppen und Händler mit Verträgen zu binden. Sowohl Kunden als auch Händler möchten dann in einem großen offenen Marktplatz zusammenkommen: dem Internet.

Diese Entwicklung wird langfristig sowohl die proprietären Online-Dienste als auch die geschlossenen Marktplätze im Internet dazu zwingen, sich ganz dem Internet zu öffnen (Abbildung 6.2) und alternativ zu festen Kundenverträgen auch die Zahlung mit digitalem Bargeld anzubieten. Dagegen beeinflußt die Einführung von digitalem Bargeld das Wachstum der Kreditkartenzahlung relativ wenig, weil Kreditkarten nur sehr eingeschränkt im Mikrozahlungsbereich eingesetzt werden.

Wie wird sich der Electronic Commerce allgemein weiterentwickeln? Electronic Commerce wird sowohl im Business-to-Consumer-Bereich als auch im Business-to-Business-Bereich eine bedeutende Rolle einnehmen. Daran kann es keinen Zweifel

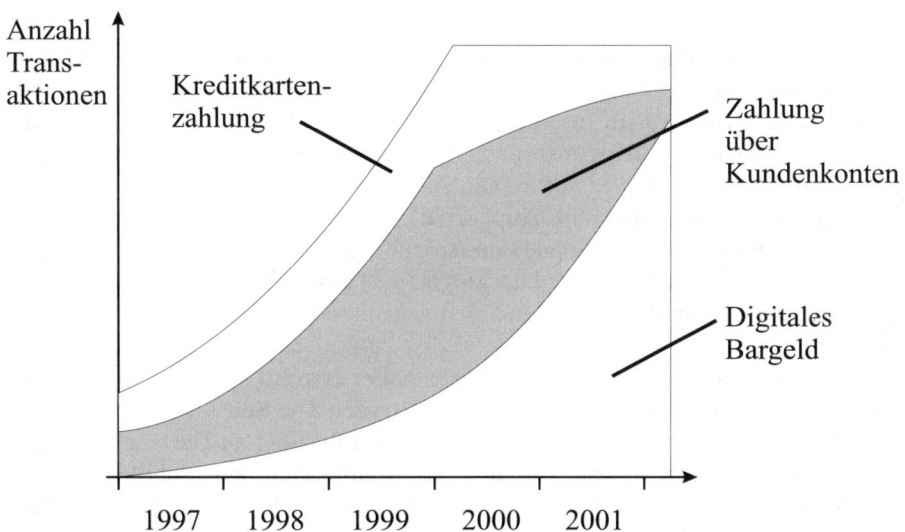

Abbildung 6.1: Zukünftige Entwicklung der Zahlungsarten: Anzahl der Transaktionen

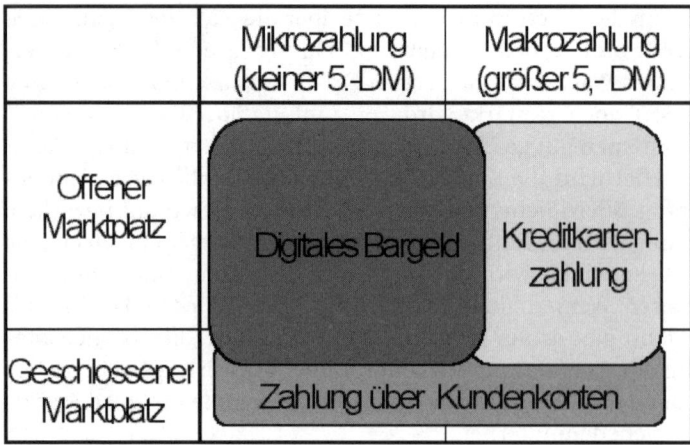

Abbildung 6.2: Zusammenhang zwischen Zahlungsbetrag, Dienstkontext und Zahlungsart im Jahr 2001

mehr geben. Es stellt sich nur noch die Frage, wann die breite Akzeptanz bei der Bevölkerung und in den Unternehmen die kritische Masse erreichen wird. Die Frage nach dem Zeitpunkt ist sicherlich von nationalen und branchenspezifischen Besonderheiten geprägt. In einigen Bereichen wie z.B. der Softwarebranche wird schon heute selbstverständlich mit den neuen Möglichkeiten umgegangen. Im Gegensatz dazu wird es mit Sicherheit noch etwas dauern bis sich die breite Masse der Bevölkerung die Urlaubsreisen über Internet auswählt und bucht. Hier müßten sich langfristig geprägte Verhaltensweisen ändern, was in vielen Bereichen nur über einen Generationswechsel möglich sein wird.

Trotzdem kann man einige richtungsweisende Entwicklungen der nächsten 3-4 Jahre bereits heute erkennen. Die Diskussion und die öffentliche Aufmerksamkeit zum Thema Sicherheit im Internet, insbesondere im Hinblick auf Zahlung und Abrechnung, wird weiter zunehmen. Im Zusammenhang damit wird es eine Entwicklung geben, die weg von reinen Softwarelösungen und hin zu hardwarebasierten Konzepten führt (z.B. Chipkarten).

Die weltweit akzeptierte digitale Unterschrift wird sich schrittweise im Electronic Commerce etablieren. Damit wird die Möglichkeit geschaffen, über das Netz rechtsgültige Bestellungen auszulösen und sich gegenüber beliebigen Systemen zu authentifizieren.

Der Electronic Commerce wird bereits in naher Zukunft stark von Forderungen nach mehr Mobilität und Flexibilität geprägt werden. Die Konsumenten wollen die Angebote des Electronic Commerce nicht nur am Rechner zu Hause nutzen, sondern dort, wo sie sich gerade aufhalten: in Telefonzellen, mit Mobiltelefonen, in Bahnhöfen, Flughäfen, im Zug, im Kraftfahrzeug usw. Die Forderung nach mehr Mobilität und Flexibilität führt zu einer Vielzahl von neuen Dienstleistungen, die sowohl über neue Endgeräte als auch über Internet verfügbar sein werden.

Anhang A. Chipkarten

In Kapitel 4.5.4 wurde bereits dargelegt, welche große Bedeutung Chipkarten erlangen werden. Dies gilt völlig unabhängig vom Erfolg des Electronic Commerce auf dem Internet. Chipkarten werden gerade deshalb eine breite Basis für zukünftige Zahlungssysteme – auch im Internet – werden.

An dieser Stelle haben wir daher weitere Informationen zu Chipkarten und Chipkartensystemen gesammelt, die wir dem Leser nicht vorenthalten wollen. Da Chipkarten noch nicht direkt mit dem Zahlungsverkehr im Internet zu tun haben, wurde hierfür der Anhang gewählt.

Zunächst stellen wir die Instanzen vor, die nach den Vorstellungen der Europäischen Kommission für den Betrieb eines Chipkartensystems notwendig sind. Es folgt eine Reihe verschiedener Feldversuche, die von Bedeutung sind und kurz beschrieben werden.

Instanzen eines Chipkarten-Zahlungssystems

Das von der Europäischen Kommission erarbeitete Electronic-Purse-Konzept besteht aus den drei miteinander kommunizierenden Hauptinstanzen *Purse Pro-*

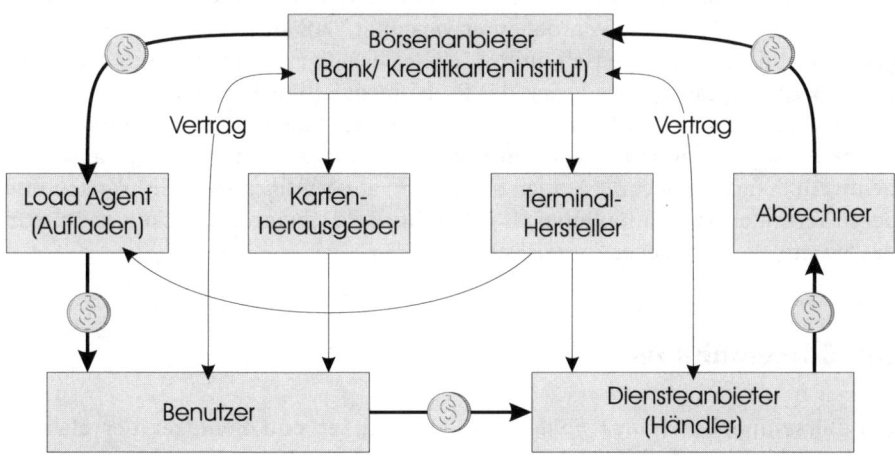

Abbildung A.1: Instanzen des Electronic-Purse-Konzeptes

vider, Purse Holder und *Service Provider*. Hinzu kommen noch die unterstützenden Instanzen *Load Agent, Card Issuer, SAM Issuer* und *Acquirer* (Abbildung A.1).

Der Börsenanbieter

Der Börsenanbieter (*purse provider*), bei dem es sich in der Praxis um eine Bank oder um ein Kreditkarteninstitut handelt, ist die oberste Instanz des gesamten Systems. Der Börsenanbieter richtet das gesamte Electronic-Purse-System ein; er orientiert sich an den CEN-Normen und legt mittels einer Expertenkommission sämtliche Organisationseinheiten, Projektplanungen und Geschäftsbedingungen fest. Denn aus rechtlicher Sicht gesehen, hat er die Gesamtverantwortung in seiner Funktion als Verwalter und Beaufsichtiger des Electronic-Purse-Systems. Er ist vergleichbar mit den Netzbetreibern beim digitalen Mobilfunk (GSM). Daher ist es verständlich, daß er sich seinen Sicherheitslevel selbst definiert, zumal er allen beteiligten Instanzen den „Electronic Value", also den elektronisch auf den Chipkarten bzw. in den Chipkartenleseterminals berechneten und gespeicherten Geldwert, garantieren muß, d.h. mit barem Geld für diese elektronischen Geldeinheiten jederzeit aufkommen können muß. Er ist somit dazu verpflichtet, Schutzgarantien für sein elektronisches Geld zu vergeben.

Sollte es einem potentiellen Angreifer trotz aller Sicherheitsvorkehrungen trotzdem gelingen, durch das Einschleusen elektronischer Geldeinheiten in das System „elektronisches Falschgeld" in Umlauf zu bringen, dann haftet der Purse Provider voll und ganz für die dadurch entstehenden Schäden. Im normalen ungestörten Geschäftsbetrieb besitzt das Electronic-Purse-System somit weder Quellen noch Senken, die Summe über das elektronische und konventionelle Geld in dem System ist also immer konstant (entspricht dem Grundkapital des Purse Providers).

Um das System vor Angriffen zu schützen, hat der Purse Provider die Möglichkeit, einzelne Chipkarten, von denen er vermutet, daß sie „elektronisches Falschgeld" in sein System schleusen, mittels einer „negativen Liste" sperren zu lassen. Doch hierbei ergibt sich wiederum das Problem, daß diese Listen sämtlichen Chipkartenterminals ständig aktualisiert zur Verfügung stehen müssen und somit eine offene Börse mit offline-betriebenen Stationen nicht realisierbar wäre. Da es nach heutigem Stand der Technik jedoch bei weitem aufwendiger wäre, Chipkarten und deren Terminals zu manipulieren als gefälschte Geldscheine zu drucken, kann man das System als „sehr sicher" bezeichnen.

Der Börseninhaber

Der Börseninhaber (*purse holder*) ist der Besitzer und Benutzer der elektronischen Chipkarte. Er läßt sich seine Chipkarte beim Purse Provider gegen Einzahlung des entsprechenden Geldbetrages mit elektronischen Geldeinheiten aufladen und kann dann beim Service Provider (siehe unten) dafür Serviceleistung beliebiger Art beziehen (z.B. Einkaufen). Der Erfolg des gesamten Electronic-Purse-Konzeptes hängt größtenteils davon ab, ob es vom Börseninhaber angenommen wird. Dies wird natürlich nur dann der Fall sein, wenn es sich um ein benutzerfreundliches System handelt, welches ihm nicht durch umständliche Handhabung und lange Transaktions- und Rechenzeiten die Lust am Benutzen seiner Chipkarte nimmt.

Ein weiterer wichtiger Aspekt für die Akzeptanz beim Benutzer könnte eine Multifunktionalität der Karte darstellen. So könnte z.B. ein Supermarkt Rabatte geben, wenn der Benutzer mit seiner Chipkarte ein nahes Parkhaus bezahlt hat. Ein solches Konzept wird z.B. bei der „WhiteCard" in Berlin angestrebt.

Der Service-Anbieter

Bei dem Service-Anbieter (*service provider*) handelt es sich um einen ganz gewöhnlichen Geschäftsinhaber, der seinen Laden mit Hilfe des Electronic-Purse-Systems aufwerten möchte. Durch sein Angebot, „elektronisches Geld" im Rahmen des Electronic-Purse-Konzeptes als Zahlungsmittel für die von ihm erbrachten Serviceleistungen zu akzeptieren, wird er sich eine Steigerung seines Umsatzes sowie die Erschließung neuer Kundenkreise erhoffen.

Dazu erhält der Service Provider von SAM Issuer (siehe unten) ein Chipkartenterminal mit Offline-Fähigkeit, integrierter Tastatur und Display.

Der Purse Holder bezahlt beim Service Provider für die erhaltene Serviceleistung mittels seines auf seiner Chipkarte gespeicherten elektronischen Geldes. Dazu führt er seine Chipkarte beim Service Provider in den Schlitz des Chipkartenterminals und der Service Provider gibt in die Tastatur den zu bezahlenden Preis ein. Das Chipkartenterminal bucht nun diesen Betrag von der Chipkarte ab und schreibt ihn zugleich dem Service Provider gut. Am Ende eines jeden Geschäftstages wird das Terminal die Summe aller von den Chipkarten im Laufe des Tages abgebuchten Beträge berechnen und dem Service Provider z.B. auf seine Chipkarte gutschreiben; diesen Betrag kann sich der Service Provider dann beim Purse Provider in bar ausbezahlen lassen.

Aus der Rolle des Service Providers werden die hohen Sicherheitsanforderungen an das Electronic-Purse-Konzept deutlich: Die Terminals befinden sich in einer extrem unsicheren Umgebung und können vom Purse Provider nicht überwacht werden. Dennoch muß sich der für das Gesamtsystem verantwortliche Purse Provider auf die korrekte und fälschungssichere Funktionsweise seines Systems verlassen können. Es darf also einen potentiell angreifenden Service Provider unter keinen Umständen möglich sein, „falsches elektronisches Geld" durch eine Manipulation seines Terminals in das Gesamtsystem zu schleusen. Hardwaremäßig wird dies realisiert durch spezielle, mit Kunstharz vergossene Chips, die sich beim Versuch einer unerlaubten Manipulation von selbst löschen. Softwaremäßig werden zum Schutz des Systems bei der Kommunikation zwischen Chipkarte und Terminal sog. digitale Signaturen verwendet, durch welche die auszutauschenden Daten kryptographisch vor Mißbrauch geschützt werden.

Eine weitere Anforderung an den Service Provider ist die Geschwindigkeit, mit der er die Umbuchung des elektronischen Geldes von der Chipkarte des Purse Holders auf sein Konto durchführen kann. Zu lange Transaktionszeiten vergraulen nicht nur Kunden im Geschäft, sondern machen zeitkritische Anwendungen unmöglich. Ein Beispiel dafür wären Autobahngebühren-Abbuchungssysteme, bei welchen dem Autofahrer während seiner Autobahnfahrt von seiner Chipkarte kontinuierlich (z.B. nach jedem gefahrenen Kilometer) eine bestimmte Gebühr abgebucht wird. Das System muß ständig ordnungsgemäß abbuchen, d.h. auch bei Tempo 200 auf der Autobahn.

Neben diesen drei Hauptinstanzen des Electronic-Purse-Konzeptes, auf die wir uns später beschränken wollen, gibt es noch vier weitere Hilfsinstanzen, die jedoch lediglich der besseren Strukturierung des Systems dienen:

Der „Load-Agent"

Der „Load Agent" wird vom Purse Provider beauftragt, das Aufladen der Chipkarten der Purse Holder mit elektronischen Geldeinheiten vorzunehmen und dafür von den Purse Holdern den entsprechenden Geldbetrag in konventionellem Geld zu empfangen. Anschließend rechnet der Load Agent mit dem Purse Provider in regelmäßigen Abständen ab.

Der Load Agent ist für die Sicherheit seiner Komponenten selbst verantwortlich und muß sie deshalb vor unbefugtem Gebrauch schützen. Sollte es einem Purse Holder möglich sein, an den Kartenaufladeterminals „sich selbst zu bedienen" und seine Karte(n) dort beliebig aufzuladen, dann haftet der Load Agent für den dadurch dem System entstandenen Schaden in vollem Umfang. Deshalb entspricht der Sicherheitsstandard des Load Agent dem einer Bank.

Meist übernimmt der Börsenanbieter jedoch selbst die Funktion des Load Agent.

Der Kartenherausgeber

Der Chipkartenherausgeber (*card issuer*) ist für die Herstellung und die Distribution der Chipkarten verantwortlich. Dabei muß er sich an die Vorgaben des Börsenanbieters (bzgl. der Sicherheitsarchitektur etc.) halten, wobei er auch für mehrere Purse Provider gleichzeitig tätig sein kann. So können sich z.B. neben der elektronischen Geldbörse auch die Daten der gesetzlichen Krankenversicherung auf der gleichen Chipkarte befinden. Daraus werden die Vorteile leicht ersichtlich, welche durch die Einführung der Organisationseinheit Card Issuer entstehen: Der Card Issuer kombiniert die Anwendungen mehrerer verschiedener Auftraggeber, welche miteinander überhaupt nichts zu tun haben, auf einer Chipkarte. Des weiteren übernimmt er die Verteilung der Chipkarten an die Börseninhaber.

Der Terminalhersteller

Der Hersteller der Terminals (SAM Issuer) ist analog zum Card Issuer für die Herstellung und Distribution der SAM-Terminals zuständig. SAM steht für „Security Application Module" und stellt den sicherheitsrelevanten Teil der elektronischen Chipkartenleseterminals dar, der für einen ordnungsgemäßen Funktionsablauf des Electronic-Purse-Konzeptes unentbehrlich ist. Diese Terminals werden nach ihrer Herstellung mit den vom Purse Provider gelieferten Schlüsseln beladen und anschließend beim Load Agent und bei den Service Providern installiert. Der „SAM Issuer" ist für die Sicherheit der Schlüssel während des Ladevorgangs verantwortlich. In der Regel werden die Aufgaben der Organisationseinheit „SAM Issuer" vom Purse Provider übernommen.

Der Abrechner

Der Abrechner (*acquirer*) ist für die Geschäftsabrechnungen zwischen Purse Provider und den Service Providern zuständig. Dazu überspielt der Service Provider dem Acquirer am Ende eines jeden Geschäftstages seine gesammelten elektronischen Umsätze und läßt sich im Gegenzug für das elektronische Geld das ihm zustehende Bargeld ausbezahlen. Das dafür benötigte „konventionelle Geld" stammt selbstverständlich vom Purse Provider, welcher den Acquirer zu seiner Unterstützung ins Leben gerufen hat. Der Acquirer ist dafür verantwortlich, daß auch hier alles mit rechten Dingen zugeht.

Anhang B. Chipkartenbasierte Zahlungssysteme

Es werden momentan zahlreiche Vorschläge für Chipkarten diskutiert und z.T. auch in Feldversuchen getestet. Die verschiedenen Interessen der Betreiber führen zu sehr unterschiedlichen Modellen von Chipkartensystemen. So wird die englische MONDEX-Karte von deutschen Banken einhellig abgelehnt, da hier noch Sicherheitsbedenken bestehen. Betreiber des öffentlichen Nahverkehrs dagegen lehnen die starke Rolle der Banken im Vorschlag des ZKA ab und entwickeln gemeinsam mit Partnern aus dem Handel eigene Systeme.

Wir wollen keine Wertung oder Prognose abgeben, sondern die uns bekannten Systeme lediglich nebeneinander darstellen. Unsere Liste erhebt dabei keinen Anspruch auf Vollständigkeit. Bei der Entwicklung und Nutzung von Chipkarten kann Europa einen erheblichen Vorsprung vor den USA verzeichnen. Es ist daher nicht verwunderlich, daß hier europäische Vorschläge ins Blickfeld rücken.

Gutscheingeldbörse

Die bekannteste Vertreterin dieser Gattung ist die hinlänglich bekannte Telefonkarte. Die größten Nachteile dieser Karte sind ihre Kosten und die Entsorgungsproblematik. Anzustreben ist hier ihre Aufladbarkeit – dann würde sie zur idealen elektronischen Geldbörse. Aber auch in ihrer jetzigen Form ist sie die zahlen- und gebrauchsmäßig erfolgreichste Chipkarte. Die Telefonkarte enthält keine geldwerten Bits, sondern Leistungseinheiten, wie z. B. hier die Telefoneinheit. Extrapoliert man ihre Erweiterung auf andere Anwendungen, so gelangt man zu einer unkompliziert zu nutzenden Karte in einem einfachen System. Die Leistungseinheiten in der Karte werden wie Mehrfachtickets verwendet, die bei Inanspruchnahme einer Leistung entwertet werden.

ZKA-Geldkarte

Der ZKA (Zentraler Kreditausschuß) schlägt eine von der CEN-Empfehlung abweichende Architektur vor. Die Rollen der beteiligten Instanzen sind dabei ein wenig verschoben. Ein wesentlicher Unterschied ist die Auflage, Schattenkonten der einzelnen Chipkarten zu führen, um eventuelle Falschgeldquellen erkennen zu können.

Weiterhin sind Börsenaufladungen nur zu Lasten eines Kontos möglich. Eine Aufladung erfordert eine PIN-Eingabe und führt zu einer Online-Authorisierung. Für Aufladungen an institutsfremden Ladeterminals muß der Chipkarteninhaber eine Ladegebühr bezahlen.

Nach einer Online-Authorisierung am institutseigenen Ladeterminal ist auch das vollständige Entladen einer Geldbörse möglich. Bezahlungen mit einer Geldbörse erfolgen offline und ohne eine PIN-Eingabe an einem Händlerterminal, das damit die Schnittstelle zum Karteninhaber darstellt. Das Händlerterminal vermittelt die Kommunikation zwischen Geldbörse und Händlerchipkarte.

Die Händlerchipkarte ist ebenfalls eine Chipkarte, die im wesentlichen wie eine normale Geldbörse aufgebaut ist. In der Händlerchipkarte ist das Gutschriftkonto des Händlers vermerkt. Die Werteinheiten werden in der Händlerchipkarte kumuliert und aus Sicherheitsgründen im Terminal als zertifizierter Einzelumsatz abgespeichert. Beim Kassenschnitt wird auch die Summe durch ein kryptographisches Zertifikat von der Händlerkarte gegen Veränderungen abgesichert. Nur wenn der Händler sowohl den zertifizierten Summensatz als auch die zertifizierten Einzelumsätze vorlegen kann, erhält er eine Gutschrift.

Seit Herbst 1996 wird die ZKA-Geldkarte auf der Eurocheck-Karte von allen deutschen Sparkassen ausgegeben. Im Laufe des Jahres 1997 werden die Geschäftsbanken nachfolgen. Damit wird die ZKA-Geldkarte in kurzer Zeit eine sehr hohe Verbreitung erreichen.

Die Mondex-Geldbörse (England)

Mondex [IN-27] ist eine universelle Geldbörse, die das Geld auf dem eingebauten Chip speichert. Elektronisches Geld kann über ein Telefon mit Kartenleser von einer beliebigen Bank abgehoben und anschließend mit einem taschenrechnerähnlichen Gerät namens „Electronic Wallet" zwischen verschiedenen Karten hin- und hertransferiert werden. Mit dem gleichen Gerät lassen sich überall Dienstleistungen und Waren bezahlen oder gar Geld verleihen. Ein Kartenleser am Schlüsselbund gestattet dem Besitzer der MONDEX-Karte jederzeit einen Einblick in seine elektronische Geldbörse.

MONDEX-Pilotversuche finden in England, Kanada, USA, Hongkong und Neuseeland statt.

MONDEX International wird von einem Konsortium von 17 Institutionen, hauptsächlich Banken (z.B. Midland Bank, Royal Bank of Canada, Canadian Imperial Bank of Commerce, Hongkong Shanghai Banking Corporation, Wells Fargo u.v.a) aber z.B auch AT&T, geführt. Im November 1996 gab MasterCard bekannt, daß es 51% an MONDEX International übernehmen und MONDEX-Technologie für eigene Chipkarten verwenden wolle [IN-27].

Integrierte PTT-Zahlkarte Biel

Es gibt in der Schweiz das multifunktionale Geldbörsensystem „Integrierte PTT-Zahlkarte Biel". Hierbei handelt es sich um eine Gemeinschaftsentwicklung der Ascom-Autelka und der Schweizer PTT. Die Ausgabe der Karten, das Ladenetzwerk sowie die Abrechnungsstelle zwischen Purse Provider und Service Provider liegen im Hoheitsbereich der Postcheque-Dienste der PPT. Die Akzeptanzstellen sind primär Automaten und POST-Terminals. Die Kundenkarte ist eine Art „Post-Card" mit der sowohl an Postautomaten und im ÖPNV-Bereich als auch am Bahnschalter, in der Betriebskantine oder im Schwimmbad bzw. Kino bezahlt werden kann.

Das DANMØNT System

Eine weitere Anwendung ist das DANMØNT-System aus Dänemark. Die Kartenherausgabe, das gesamte Ladenetzwerk und das *Clearing* durch DANMØNT liegt im Hoheitsbereich der dänischen Banken. Die Karteninhaber erhalten eine Kleingeldbörse (Speicherkarte), mit der sie (ohne Eingabe einer PIN) an verschiedenen Akzeptanzstellen, wie z. B. an Parkuhren, POS-Terminals, im ÖPTV aber auch an Briefautomaten, in Wäschereien und am Kiosk bezahlen können. Das System besitzt Betriebsoptionen für eine Sicherheitsrecherche. Hierbei kann Transaktions-*Clearing* einzeln oder kumuliert erfolgen. Es kann hierdurch u.a. festgestellt werden, ob Doppel-Transaktionen erfolgt sind, d.h. ob ein Terminalfehler vorlag oder ein manipulativer Eingriff in den Zahlungsverkehr durchgeführt wurde. Weiterhin ist Betrug mit den Karten bei solchen Einzel-*Clearings* detektierbar.

Anhang C. Glossar

ARPA Advanced Research Projects Agency. Amerikanisches Forschungsinstitut, an dem die Grundzüge des Internet entwickelt wurden.

Asymmetrische Verschlüsselung Kryptographisches Verfahren bei welchem ein Schlüsselpaar verwendet wird. Texte, die mit dem einem Schlüssel kodiert werden, können ausschließlich mit dem zugehörigen zweiten Schlüssel dekodiert werden. Siehe auch Public-Key-Verschlüsselung.

Authentifizierung Nachweis der Identität gegenüber dem Kommunikationspartner — oft auch mit Authentikation bezeichnet.

Aquirer Dritte Partei, die Abrechnungen mit Kunden oder Händlern für einen Anbieter eines Zahlungssystems übernimmt.

Backbone Die elektronischen Hauptverkehrsadern eines Kommunikationsnetzwerks, hier besonders des Internet.

Blinding Kryptographisches Verfahren, das eine digitale Signatur einer Nachricht ohne Kenntnis des Inhaltes der Nachricht erlaubt. Blinding wurde von D. Chaum entwickelt, um Seriennummern von Zahlungsobjekten bei der Signatur unlesbar zu machen. Damit wird Anonymität erreicht.

Browser Programm auf dem Rechner eines Benutzers, das die Darstellung von Inhalten und die Navigation zwischen Informationsangeboten ermöglicht. Insbesondere als Bezeichnung für World Wide Web-Browser verwendet.

CAFÉ Conditional Access For Europe. Europäisches Projekt, in dessen Rahmen eine Chipkarte auf der Basis von D. Chaums *eCash*-Technologie entwickelt wird.

CEN	*Comité Européen de Normalisation* – Europäisches Komitee für Normung.
Certification Authority	Siehe Zertifizierungsstelle.
CGI	Common Gateway Interface. Programmierschnitt stelle bei WWW-Servern, mit deren Hilfe interaktive WWW-Seiten (z.B. Formulare) realisiert werden.
Challenge Response	Verfahren zur Authentifizierung zweier Parteien, das ohne Austausch von Paßworten auskommt.
Chiffre	Verschlüsselter Text.
Chipkarte	Plastikkarte mit einem Mikrochip, die Daten speichern und auch Operationen ausführen kann. s.auch SmartCard.
Clearing	Periodischer Ausgleich von Kontoständen auf Servern unterschiedlicher Anbieter, die Zahlungsmittel des anderen akzeptieren.
Client	Ein Programm, das lokal auf dem Rechner des Benutzers abläuft und Informationen von einem Server-Programm bezieht und verarbeitet.
DES	Data Encryption Standard. Der am häufigsten verwendete internationale Standard für symmetrische Verschlüsselung mit fester Schlüssellänge von 56 Bit
Digest	Siehe Fingerabdruck.
Digitale Signatur	Kryptographisches Verfahren, das die Authentizität eines Dokumentes sicherstellt. Dazu wird ein Message Digest des zu signierenden Dokuments erstellt und mit dem öffentlichen Schlüssel des Unterzeichnenden verschlüsselt und beigefügt. Siehe auch Public-Key-Verschlüsselung, Message Digest.
Digitales Bargeld	Dateien mit inhärentem Geldwert, die gebräuchliches Bargeld in der elektronischen Welt abbilden sollen.
Digital ID	Siehe Digitale Unterschrift.

DNS	Siehe Domain Name Server.
Domain	Bezeichnung für einen Adreßteil in der Namenshierarchie des Internet.
Domain Name Server	Setzt auf Anfragen Domain-Namen in IP-Adressen um.
Ecash	Gerne verwendete Bezeichnung für Digitales Bargeld (siehe dort) sowie Produktbezeichnung der Firma DigiCash.
EDI	Electronic Data Interchange. Vereinbarung für elektronische Übermittlung von Geschäftsvorgängen.
EDIFACT	Umsetzung von EDI in ein anwendbares Protokoll.
Elektronische Geldbörse	Chipkarte (siehe dort) mit Geldbörsenfunktion.
Elektronische Unterschrift	Siehe Digitale Signatur.
Email	Elektronische Nachricht, die über ein Computer netzwerk verschickt wird.
Fingerabdruck	Auch Message Digest genannte Quersumme einer Nachricht. Es gibt kein mathematisches Verfahren, um zu einem vorgegebenen Fingerabdruck eine zweite (verfälschte) Nachricht zu erstellen.
FAQ	Frequently Asked Questions. Im Internet übliche Sammlung von Fragen und Antworten zu einem Thema.
FTP	File Transfer Protocol. Standardprotokoll zum Austausch von Dateien zwischen zwei Rechnern über das Internet.
Firewall	Rechner, der eine Rechnernetz am Zugang zum Internet vor Angriffen von außen schützen soll. Unerlaubte Zugriffe werden von einer Firewall einfach verworfen und nicht weitergeleitet.
Gateway	Rechner, der anderen Rechnern den Zugang zu einem Netzwerk bereitstellt.

Homepage	Startseite eines Informationsangebots im World Wide Web.
HTML	Hypertext Markup Language. Beschreibungssprache zur Programmierung von Informationsseiten im World Wide Web.
ITSEC	Information Technology Security Evaluation and Certification.
HTTP	Hypertext Transfer Protocol. Verbindungsprotokoll im Internet, das die Anforderung und Übermittlung von World-Wide-Web-Seiten ermöglicht.
IP	Internet Protocol. Grundlegendes Protokoll für die meisten Dienste und höheren Protokolle im Internet.
IPnG	IP next Generation, auch Ipv6 (Version 6) genannte Folgeversion des Internetprotokolls, das vor allem einen wesentlich größeren Adreßraum zuläßt und auch mehr Sicherheit unterstützen wird.
ISO	International Standard Organisation.
Kerberos	Sicherheitssystem zur Verwaltung von Konten, Zugriffsrechten und zur sicheren Kommunikation, insbesondere für Benutzerlogin.
Key-escrow	Verfahren, das Regierungsstellen die Zulassung besonders starker Kryptoalgorithmen erlaubt, ohne dabei die Möglichkeit zu verlieren, entsprechende Chiffren schnell zu entschlüsseln. Dabei muß eingeheimes Hintertürchen im Algorithmus offen gelassen werden (Generalschlüssel) oder die verwendeten Schlüssel müssen ganz oder teilweise hinterlegt werden.
Login	Prozedur für Anmeldung einer Benutzers und Erteilung einer Arbeitserlaubnis an einem Mehrbenutzer-Rechner.
Message Digest	Siehe Fingerabdruck.
Micropayment	Mikrozahlung. Transaktion von sehr kleinen Beträgen im Bereich von Pfennigen und weniger.

Newsgroup	Diskussionsforum im Usenet des Internet.
Offline	Eine Aktion wird ohne Verbindung zu einem zentralen Rechner oder zum Netzwerk ausgeführt. Eine eventuelle Umsetzung bzw. Prüfung kann dort erst im nachhinein bei der nächsten Verbindung erfolgen.
Online	Eine Aktion wird während einer Verbindung zum zentralen Rechner oder Netzwerk ausgeführt und kann dort sofort umgesetzt bzw. nachgeprüft werden.
PEM	Private Enhanced Mail. Sicherungsmechanismus für Email im Internet.
PGP	Pretty Good Privacy. Public-Key-Verschlüsselung, die umsonst und für zahlreiche Plattformen erhältlich ist.
PIN	Personal Information Number. Meist sehr einfache Codenummer, die Zugang zu einem persönlichen Dienst öffnet.
POP	Point of Presence. Einwählpunkt zu einem Netzwerk.
Proxy	Rechner, der stellvertretend für ein ganzes Rechner netz Internetkommunikation abwickelt, so daß nur seine IP-Adresse nach außen sichtbar ist. Bei Kerberos werden Vollmachten über Kontenzugriffe als Proxy bezeichnet.
Public Key-Verschlüsselung	Entspricht asymmetrischer Verschlüsselung, wobei ein Schlüssel des Schlüsselpaares veröffentlicht (*public*) wird, während der andere geheim bleibt. Dadurch wird sichere Kommunikation möglich, ohne zuvor Schlüssel austauschen zu müssen.
RC4	Rons Cypher 4, symmetrisches Verschlüsselungsverfahren mit variabler Schlüssellänge von RSA Data Security nach Ron Rivest mit Exportgenehmigung aus den USA für eine maximale Schlüssellänge von 48 Bit. RC4 findet bei SSL Verwendung.

RC5	Rons Cypher 5, relativ junges symmetrisches Verschlüsselungsverfahren mit variabler Schlüssellänge von Ron Rivest für RSA Data Security entwickelt.
Router	Rechner in einem Rechnernetz, der Datenpakete an nimmt und in Richtung ihres Adressaten weiterleitet.
RSA	Rivest, Shamir, Adleman. Beliebtester asymmetrischer Verschlüsselungsalgorithmus, nach den drei Entwicklern benannt.
Server	Programm, das Client-Programmen Dienste bereitstellt.
SEPP	Secure Electronic Payment Protcol. Vorgänger von SET (siehe dort) — Vorschlag von Mastercard.
SET	Secure Electronic Transaction. Protokoll für sichere Kreditkartenzahlung, gemeinsam von Visa und Mastercard als Nachfolger der jeweils eigenen Entwicklung (STT bzw. SEPP) spezifiziert.
S-HTTP	Secure HTTP (siehe dort). Protokoll zur sicheren Kommunikation von WWW-Browsern und WWW-Servern im Internet (von Terisa Systems).
Signatur	Siehe Digitale Signatur.
Smartcard	Oberbegriff für Plastikkarten mit Magnetstreifen oder Mikrochip, s. a. Chipkarte.
SMTP	Simple Mail Transfer Protocol. Internetprotokoll für den Austausch von Email.
Spoofing	Angriff über das Internet bei dem sich der Angreifer durch falsche Absenderinformationen für einen anderen ausgibt, der Zugangsrechte besitzt.
SSL	Secure Socket Layer. Allgemeines Sicherungsprotokoll von Netscape insbesondere zur gesicherten Kommunikation von WWW-Browsern mit WWW-Servern.
STT	Secure Transaction Technology. Vorgänger von SET (siehe dort) — Vorschlag von Visa.

Symmetrische Verschlüsselung	Kryptographisches Verfahren, bei dem der gleiche Schlüssel zur Kodierung und Dekodierung verwendet wird.
TCP	Transport Control Protocol. Verbindungsprotokoll des Internet, das auf IP aufsetzt.
TCP/IP	Bezeichnung für die gesamte Protokollsuite des Internet (nicht nur TCP und IP).
Telnet	Internetprotokoll welches das Arbeiten auf einem entfernten Rechner über das Internet ermöglicht.
Ticket	Bezeichnung für eine Nachricht bei Kerberos, die alle notwendigen Daten für einen Verbindungsaufbau mit einem gewünschten Kommunikationspartner enthält. Tickets werden von einem Kerberos-Server ausgestellt.
Trust-Center	Siehe Zertifizierungsstelle.
WWW	World Wide Web. Weltweites Netz von leicht zugänglichen Informationsseiten das auf dem Internet aufsetzt.
Zero Knowledge Proof	Siehe Challenge Response.
Zertifikat	Digitaler Ausweis, der einen öffentlichen Schlüssel mit dem Namen des Eigentümers verbindet. Ein Zertifikat wird von einer anerkannten Autorität (Zertifizierungsstelle) ausgestellt und digital signiert.
Zertifizierungsstelle	Übergeordnete Instanz, welche die Identität von Antragstellern prüft und ihnen Zertifikate ausstellt. Zertifizierungsstellen sind allgemein anerkannt und vertrauenswürdig. Auch als *Trust-Center* oder *Certification Authority* bezeichnet.

Anhang D. Informationsquellen zu Zahlungssystemen im Internet

Recht

- Wiener Kaufrecht: http://www.jura.uni-sb.de/Gesetze/CISG/cisg.htm
- Fernmeldeüberwachungsverordnung: http://www.thur.de/ulf/ueberwach/
  - Datenschutzgesetze: http://www.rewi.hu-berlin.de/Datenschutz/gesetze.html
- Elektronische Unterschriftsverordnung EUV:
  http://greenie.muc.de/freenet/pinwand/euv.html
- Rigo Wenning: „Das Internet ein rechtsfreier Raum?",
  http://rw22dc01.jura.uni-sb.de/IfRI/jur-pc/internet.htm
- [IN-1]
- Projektgruppe verfassungsverträgliche Technikgestaltung e. V.
  http://www.provet.org
- T. Holz: „Elektronisches Geld", Seminararbeit der Wirtschaftsinformatik, Universität Erlangen, 1996
- Ulf J. Froitzheim: „Total blockiert", Wirtschaftswoche Nr. 42 / Jg.49 / 12.10.95, S.120ff

Sicherheit und Kryptographie

- [Sch96]
- RSA Data Security: http://www.rsa.com
- [Beu94]
- Newsgruppe zu Sicherheit: news://de.comp.security

Übertragungs- und Transaktionsprotokolle

SSL
- Netscape Communications: http://home.netscape.com
- Terisa Systems: http://www.terisa.com

S-HTTP
- Terisa Systems: http://www.terisa.com
- EIT: http://www.eit.com
- RSA Data Security: http://www.rsa.com

SET
- Visa: http://www.visa.com
- MasterCard: http://www.mastercard.com
- SET Specification [set96]
- SET Mailing-Liste [setml]

Zahlungsverkehr im Internet (allgemein)

- WWW Konsortium: http://www.w3.org/pub/WWW/Payments
- Electronic Commerce Forum e.V.: http://www.eco.de/
- Commerce Net: http://www.commercenet.com
- [Way95]
- [Mil95]
- [Sch95]
- [Beu94]
- J. Christ: „Bitzahler", iX 8/96, S.92ff
- Anonym: „Digitales Geld im Internet", Inside Internet Nr.10, Jg.1, Dez. 1995, S.5 ff.
- Richard Sietmann: „Cybergeld gegen Cyberware: Das Netz als Marktplatz", Funkschau 10/95, April 95, S. 70 ff.

Zahlungssysteme

CyberCash
- CyberCash: http://www.cybercash.com
- [Way95]

First Virtual
- First Virtual: http://www.fv.com
- John Markoff: „A Credit Card for On-Line Sprees," New York Times, 15. Okt. 1994
- [Way95]

NetCheque
- NetCheque: http://nii-server.isi.edu/info/NetCheque
- [MeNe93a]
- [MeNe93b]
- [Neu93]
- [NeMe95]
- [Neu95]

Ecash (DigiCash)
- DigiCash: http://www.digicash.com
- [Cha92]
- [Cha93]
- [Way95]

Millicent
- DEC: http://www.millicent.digital.com/

Anhang E. Quellenverzeichnis

[Beu94]   A. Beutelsbacher: „Kryptologie", Vieweg, Braunschweig 1994.

[Bön95]   B. Böndel: „In Fallen tappen", Wirtschaftswoche Nr. 42, Jg.49, 12.10.95, S. 126 ff.

[CW97] Anonym: „Initiative zur Einführung von digitalem Geld", Computerwoche 11/97, März 1997, S. 33.

[Cha92] D. Chaum: „Achieving Electronic Privacy", in Scientific American, August 1992, p. 96–101.

[Cha93] D. Chaum: „Prepaid Smart Card Techniques. A Brief Introduction and Comparison", 1993, http://www.digicash.com/publish/cardcom.html.

[EMI94] Bericht der EU-Arbeitsgruppe zu Zahlungssystemen über „Prepaid Cards", verabschiedet vom Rat des Europäischen Währungsinstitutes (European Monetary Institute, EMI), Mai 1994.

[Ewe96] G. Ewerdwalbesloh (Hrsg): „Telekommunikation für Banken und Versicherungen", Vorträge zum Fachkongreß im Juni 1995 in München, Springer, Berlin Heidelberg, 1996.

[IN-1] Entwurf eines Gesetzes zur Regelung der Rahmenbedingungen für Informations- und Kommunikationsdienste (Informations- und Kommunikationsdienste-Gesetz, IuKDG) http://www.iid.de/rahmen/iukdgk.html

[IN-2] DigiCash b.v.: http://www.digicash.com

[IN-3] Netscape Communications Inc: http://home.netscape.com

[IN-4] Terisa Systems: http://www.terisa.com

[IN-5] MasterCard: http://www.mastercard.com

[IN-7] CyberCash: http://www.cybercash.com

[IN-9] EIT: http://www.eit.com

[IN-10] RSA Data Security: http://www.rsa.com

[IN-12] CompuServe: http://www.compuserve.com

[IN-14] Visa: http://www.visa.com

[IN-15] American Express: http:// www.americanexpress.com

[IN-20] Downtown Anywhere: http://www.awa.com

[IN-21] First Virtual: http://www.fv.com

[IN-23] NetCheque: http://nii-server.isi.edu/info/NetCheque

[IN-24] Mark Twain Bank: http://www.marktwain.com

[IN-26] VeriSign: http://www.verisign.com

[IN-27] Mondex: http://www.mondex.com

[MeNe93a] G. Medvinsky, C. Neumann: „Electronic Currency for the Internet", EM – Electronic Markets, No.9-10, 1993, p. 23.

[MeNe93b] G. Medvinsky, C. Neumann: „NetCash: A design for practical electronic currency on the Internet", Proceedings of the First ACM Conference on Computer and Communications Security", November 1993.

[Mil95] J. Miller: „E-money mini-FAQ", (release 2.0), 1995, http://www.ex.ac.uk/ ~RDavies/arian/emoneyfaq.html

[Mün95] I. Münch (BSI): „Sicherheitsaspekte bei der Einführung elektronischer Geld-börsen", Vortrag auf Seminar „Die Welt der Chipkarte", Sindelfingen, Oktober 1995.

[NeMe95] C. Neumann, G. Medvinsky: „Requirements for Network Payment: The NetCheque Perspective", Proceedings if IEEE Compcon'95, San Francisco, Mai 1995.

[Neu93] C. Neumann: „Proxy-Based Authorization and Accounting for Distributed Systems", Proceedings of the 13th International Conference on Distributed Computing Systems, Pittsburgh, May 1993.

[Neu95] C. Neumann: „Security, Payment and Privacy for Network Commerce", IEEE Journal on Selected Areas in Communications, Vol. 13, No. 8, October 1995.

[set96] Anonym: „Secure Electronic Transaction (SET) Specification – Book 1: Business Description", draft, Visa, Mastercard, Juni 1996.

[setml] mailing list „set-discuss@lists.commerce.net"

[Sch94] B. Schneier: „Applied Cryptography", John Wiley & Sons, 1994.

[Sch96] B. Schneier: „Angewandte Kryptographie", Addison-Wesley, 1996.

[Ste95] L. Stein: „The First Virtual Internet Payment System", Vortrag auf Internet@Telecom95, Genf, 1995.

[Way96] P. Wayner: „Digital Cash — Commerce on the Net", Academic Press Professional, Chestnut Hill, 1996.

Anhang F. Stichwortverzeichnis

Druck: Mercedesdruck, Berlin
Verarbeitung: Buchbinderei Lüderitz & Bauer, Berlin